从1到M

让企业走出去的国际战略画布

王永贵　李卅立　著

中信出版集团 | 北京

图书在版编目（CIP）数据

从 1 到 M：让企业走出去的国际战略画布 / 王永贵，
李卅立著 . -- 北京：中信出版社，2020.2
ISBN 978-7-5217-1207-0

Ⅰ . ①从… Ⅱ . ①王… ②李… Ⅲ . ①企业管理—国
际化—研究—中国 Ⅳ . ① F279.23

中国版本图书馆 CIP 数据核字（2019）第 247975 号

从 1 到 M——让企业走出去的国际战略画布

著　　者：王永贵　李卅立
出版发行：中信出版集团股份有限公司
　　　　　（北京市朝阳区惠新东街甲 4 号富盛大厦 2 座　邮编　100029）
承 印 者：中国电影出版社印刷厂

开　　本：880mm×1230mm　1/32　　　印　张：8.5　　　字　数：178 千字
版　　次：2020 年 2 月第 1 版　　　　　印　次：2020 年 2 月第 1 次印刷
广告经营许可证：京朝工商广字第 8087 号
书　　号：ISBN 978-7-5217-1207-0
定　　价：49.00 元

推荐序一 国际化新路的探索

随着技术的迅猛发展，全球范围内的互联互通成为现实，全球市场不再专属于大型的跨国企业，新兴的初创企业也开始参与全球竞争。初创企业如何借助国际化获得全新的发展机会，正是本书吸引我的地方。

相较于创业，国际化一直都扮演着一个小众的角色，然而对当前中国经济转型来说，它具有非常重要的价值。中国企业如何抓住新技术革命的机遇，并通过海外市场寻求新突破？有关这一问题的探索是极有意义的。

初创企业在实施国际化战略前，一方面要有实施国际化战略的资源和能力，另一方面需要运用自身的创新能力选择一条不同的路径。这本书正是从这个视角提供了观点、方法和工具，这些有关观点、方法和工具的探讨，可以帮助初创企业整理出自己的战略和行动方案。由于目前市面上能够指导企业实施国际化战略的工具书还比较少，因此这本书的探索和创新非常有价值。

任何企业要想成功制定国际化战略，都需要企业的高层管理者具有战略思维。作为初创企业的国际化战略制定者，作者认为初创企业的高层管理者需要拥有"从 1 到 M"的战略视角，即需要具备三个 M 能力：Multiculture 代表能够尊重多元文化，Multidimension 代表有多维度思考的能力，Multilateralism 代表能够把握多边关系问题。具备这三个 M 能力是企业的高层管理者成功制定国际化战略的关键所在。

这本书以世界上最杰出的管理思想家亨利·明茨伯格的 5P 战略模型为原型，结合新的时代要素，为高层管理者制定国际化战略提供了新 5P 战略模型——由关注计划到以人为本，由侧重谋划到重视合作伙伴，由照搬模式到强调预测，由保持一贯定位到增强可塑性，由秉承传统观念到兼容多元文化。这 5 个转变可以帮助初创企业在国际竞争中因地制宜地制定自身战略，而不是简单地把在国内已经成熟的模式复制到海外市场上去。这本书还对 A. O. 史密斯、麦当劳、福耀集团、小米、沃尔玛、中粮等知名企业走出去的案例进行描述与解读，阐述了新 5P 战略模型在本地市场所发挥的战略指导作用。

这本书创造性地打造了国际战略画布，来帮助想实现国际化的企业制定国际化战略，并提供了多种可能性。画布非常形象地解读了初创企业的国际化战略的要素构成及其解决方案。它的第一个"国际化驱动"模块包含 4 个要素：国际化动因、目标客户、CAGE 距离模型和国际化路径。第二个模块是"再塑成功"模块，它为初创企业重塑自身优势、寻找新合作伙伴、处理子母公司关系提供了支持。第三个模块是"盈利模式"模块，它能更好地帮助企业分析如何从不同客户群体中获取收入。最后，这本书以小米、吉利、菜鸟和华为作为案例，具体探讨如何将以上研究结论运用于国际化战略中。

总之，国际化是一个复杂、动态且非常依赖具体情境的战略过程。本书作者非但没有陷入传统国际化理论的桎梏，反而将新旧管理思想与当下国际化趋势及中国企业的独特性相融合，提出了创造性与实践性并存的国际化战略指导模型。该模型体现了作者在国际商务领域深厚的理论功底和对前沿国际化现象的深刻把握，因此非常适合中国企业的高层管理者阅读。

陈春花

北京大学国家发展研究院 BiMBA 商学院院长、王宽诚讲席教授

推荐序二

当前国际政治经济的大形势云谲波诡，世界正面临着百年未有之大变局。1978 年，新一轮的全球化启动。进入 21 世纪后，云计算、大数据、物联网、数字经济、移动终端以及人工智能等技术高速发展，未来的世界格局正在被重新构建。作为 20 世纪 80 年代的新一轮经济全球化的发起者、参与者和推动者，我国见证了世界的巨大变化。在改革开放的 40 年中，中国通过"内向国际化"把自己变成世界工厂，中国制造的优质产品向全球输出，在海外市场的份额日益扩大。我国对外直接投资的规模正在不断扩大，最新的中国对外直接投资统计数据显示，2018 年，我国对外直接投资 1 205 亿美元，位居全球第三。我国对外直接投资存量接近 2 万亿美元，位居全球第二。这些投资分布在全球 189 个国家和地区。这些鼓舞人心的统计数据的背后是众多中国企业的努力奋斗。

在中国企业经受住了国内市场的冲击和洗礼并迈出国门后，

从 1 到 M

它们看到了一个崭新的世界。在技术急剧变革的同时，商业模式也在发生转变，从以占有资源为基础的竞争模式，转化为以全球平台为根基、充分对世界范围内的优质资源加以利用的模式。这个过程存在一系列问题和挑战。文化差距、制度差距、合规经营等各类问题亟待思考。

例如，美国的 Airbnb（爱彼迎）和 Uber（优步）在现代信息技术的支持下，充分发挥共享经济的作用，依靠崭新的商业模式，整合全球资源，并取得了蓬勃发展。Airbnb 并未拥有众多房产的所有权，却能够在全球 191 个国家的三四万个城市里为客人提供住宿服务。Uber 并未拥有汽车的所有权，却为世界各地千百万人的出行提供了便利，同时使闲置时间和闲置资源重新发挥作用。我们是时候以系统性、全局性、战略性的眼光去思考企业迈向国际化的新路径了。

我国正在努力打造优质的营商环境，并为下一步的经济发展服务。各级政府也不断出台政策，将行动落在实处，促进各类企业的健康良性发展。但并不是每一个国家和地区都能为企业提供良好的营商环境，作为企业的领导者，要不断提升企业在动荡的环境中的应变能力以及开拓海外市场的业务能力。谋大事者必先观大势。认清世界的大格局对企业制定国际化战略至关重要。

当我们洞察经济全球化的未来发展方向时，我们有必要回顾历史，并从回顾历史的过程中加深对经济全球化的认识。纵观历史发展脉络，经济全球化大致可以分为四个阶段。

全球化 1.0：国与国之间产生了贸易往来和人员流动。在古典全球化时代，丝绸之路是这一时代的标志性经济活动。来自亚洲国家的丝绸经过多个国家转运到世界财富中心——罗马。伴随着贸易与文化的交流，各国的商人在长安交换着香料、马匹、丝绸。不同的文化通过贸易活动得到传播。麦哲伦和哥伦布的全球航行，把全球化 1.0 推向高潮。全球化 1.0 代表大航海时代，大航海时代也标志着真正意义上的全球化的开始。伴随着全球贸易的发展，大规模的殖民活动也开始了。

全球化 2.0：第一次工业革命到来了。从事纺织业生产的企业的效率被大幅提高，大航海时代被殖民时代取代。非洲的奴隶贸易、美洲的种植业和欧洲的加工工业构成了所谓的三角贸易。15 世纪伊始，欧洲殖民者入侵非洲。他们以殖民掠夺的方式进行原始资本积累，并抢占了大部分海外市场。特别是新航路开辟以后，欧洲殖民者通过非法贩卖奴隶赚取高额的利润，这样的经济活动一直持续至 19 世纪末。在此次殖民扩张中，没有搭上工业化快车的国家的领土被侵占，这些国家也成为西方国家的殖民地。虽然中国没被卷入这一场以殖民掠夺为主要方式的革命中，但这场革命对中国的影响是深远的。中国的企业受到了"师夷长技以制夷"的思想的影响，开启了民族企业探索之路。

全球化 3.0：随着新的产业革命的到来，物流效率得到了极大提升，生产组织可以通过不同国家之间的产业链来组织全球化生产。通过国际贸易实现经济全球化的主要逻辑是各个国家和地区进一步发挥各自的"比较优势",并按照产业链进行分工。发达国家的企业纷纷在人工成本较低、资源成本较低的发展中国家投资建厂。中国也开始顺应发展大趋势,实施改革开放政策。经过 40 年摸索,中国成为这一轮全球化最大的获益者。中国通过丰富的劳动力资源、具有竞争力的优惠政策,形成了中国制造业的巨大优势,成为全世界的工厂。我们用时间换空间,生产出来性价比最高的产品,并出口到各个国家。随着中国人工成本上升,人口红利逐渐减少,企业又开始寻找新的劳动力,很多工厂搬到了越南、马来西亚等国家,这在一定程度上也影响了全球化 3.0 的格局和模式。

全球化 4.0:现代信息通信技术快速发展,其与智能制造成为下一阶段经济增长的主要动力,它们也是新一轮全球化的推动力。着眼未来,它们最有可能在全球化 4.0 的进程中扮演重要的角色。同时,因全球的技术和资本被重新配置而形成的利益共享机制,将造福人类命运共同体。从目前的发展趋势上来看,未来我们将掌握更先进的科学技术,如人工智能技术、空间技术、新能源技术等。同时,我们也更容易身处一个"VUCA"[①]时代——一个充满了易变性、不确定性、复杂性和模糊性的时代。在这个时代,对企业和企业的领导者来说,最重要的事情就是

---

① VUCA:易变性(volatility)、不确定性(uncertainty)、复杂性(complexity)、模糊性(ambiguity)的英文首字母缩写。——编者注

学会未雨绸缪，常备不懈。

战略管理和商业方面的专家学者在过去 60 年里，做了很多有关企业跨国经营的研究。这些研究揭示了企业跨国经营的规律，也提出了抵御外来企业融入本地市场环境的方法。这些研究对正在走出去或者已经走出去的中国企业来说，存在着一些缺失，这些缺失可以归结为三方面。首先，这些学术研究的积累大多是基于发达国家的跨国企业的过往经验完成的。在过去的 500 年里，这些国家和诞生在这些国家的企业大多经历了大规模的海外扩张和殖民掠夺，有着比较丰富的应对海外复杂事件的经验。而中国在过去的 500 年里，不仅没有进行过大规模的海外扩张，且在 1840 年后的 100 年里，还频繁受到各国列强的攻击。所以中国的企业家对不同国家在历史文化、宗教信仰方面存在的差异认识不足。其次，1978 年的改革开放是以开放本土市场并吸引外资和外企进入中国开始的。中国企业的国际化经验是在本土市场上逐步积累的，积累经验的环境相对单一。而一旦走出国门，大千世界可谓千变万化、错综复杂。企业必须清楚自己所处的时代背景和趋势，清楚可能遇到的机遇和挑战，清楚应对危机的方法，才能使自己始终立于不败之地。再次，这些学术研究成果具有很高的科学性和理论性。虽然这些学术研究取得了累累硕果，但这些知识没能以一种企业家熟悉的深入浅出的方式传播开来，难以充分为中国的企业和企业家提供服务。

为了帮助企业面对挑战、克服困难，并最终实现国际化，本书的两位作者精心策划了这本书。本书以企业走出去可能遇到的陷阱与问题作为开篇内容，给企业敲响警钟；引入能够分析易变、不确定、复杂、模糊环境的 VUCA 模型，有条理地介绍了企业在当前趋势下会面临哪些挑战，又存在何种生存机遇，以此拉开新时代的中国企业的国际化序幕。

本书共分为三个部分。第一部分讲述了新时代下的国际化，旨在帮助读者了解 VUCA 时代下的企业生存法则——企业如何应对易变、不确定、复杂、模糊的海外市场所带来的挑战，以及如何实现成功模式的复制。两位作者在书中提出了新 5P 战略模型，以及如何利用该模型制定企业的国际化战略。第二部分向读者介绍了什么是国际战略画布，以及企业应如何利用国际战略画布这一工具辅助新 5P 战略模型，让企业的走出去之路更加顺利。第三部分以成功实现国际化的企业为案例，帮助企业家深刻理解国际战略画布与新 5P 战略模型在不同情境下的运用。

这本书的特点在于把复杂的学术研究的成果以深入浅出的方式再现出来，指出了中国企业在新一轮全球化中需要把握的机会和规避的风险。对将要和正在实施国际化战略的企业家来说，它将是一部重要的参考书。

武常岐

北京大学光华管理学院教授、国际商务学会中国区主席

前　言

经过一年多的精心筹备，本书终于和大家见面了。我很期待与大家一起开启新篇章。

改革开放 40 年的发展历程与经验深刻地证明，走出去是中国实现经济高质量发展的必然选择。随着信息技术的发展，以及政府对走出去、"一带一路"倡议的推广，具有国际化意识的企业不再局限于中国大型企业，许多中小型企业的国际化意识也在不断增强。国际化已经成为中国企业谋求发展的趋势之一。经过 40 年的不断摸索与思考，中国企业在实施国际化战略方面，取得了一些不错的成绩。企业国际化蓝皮书《中国企业全球化报告（2016）》指出，2015 年，中国对外直接投资 1 582.9 亿美元，同比增长 18.3%。不过，国务院发展研究中心对外经济研究部前部长赵晋平指出，2017 年，中国企业的国际化水平还低于全球平均水平。虽然中国企业已具备海外市场竞争力，但仍然与发达国家有不小的差距。中国企业还有很长的一段国际化道路要走。

与此同时，中国企业家对国际化的认识与理解在不断深化，但还没有形成科学、系统的国际化思维。很长一段时间内，中国企业家对国际化的理解是"要有海外业务，要把产品卖向全球市场"。2007 年，阿里巴巴 B2B（企业对企业的电子商务模式）业务在香港上市前夕，创始人马云的国际化构想是，在全球的不同地方建立独立的淘宝城。经过多年的探索与实践，中国企业家逐渐意识到国际化不仅仅是指地域上的"走出去"，而是要求企业具有国际化思维、充分认识海外市场、理解国际化经营方式。马云曾在 2013 中国（深圳）IT 领袖峰会上给出了国际化的定义，他认为，具有国际化思维的中国企业非常少，而有国际业务的中国企业却很多。有国际化思维的企业未必有国际业务，有国际业务的企业未必有国际化思维。中国企业应具备战略、思想、体制、人才、文化等方面的国际化思维。这种观念上的转变要求我们重新思考和审视国际化这个命题。

近年来，中国政府也反复强调企业不仅要走出去，更要提高国际化水平。中共十八大报告提出，国家应加快走出去步伐，增强企业国际化经营能力，培育一批世界水平的跨国企业。这就对中国企业的国际化提出了更高的要求。然而，当今国际政治经济关系正变得更加复杂和敏感，海外市场的竞争也更加激烈。特别是近年来受逆全球化思潮和贸易保护主义等影响，中国企业的国际化之路遭遇了很大的冲击。面对新的发展局势与环境，如何应对挑战、如何更深入地理解国际化的内涵、如何更好地走出去以及提高国际化水平，已成为重要的议题。

我们长期从事国际化研究与教学工作，密切关注中国企业的国际化进程，经常在一起分享、探讨有关国际化问题与挑战的内容。在去年会面时，我们不约而同地提到了当今复杂的国际政治经济关系与动荡的海外市场环境。可以说，这是一个既充满挑战又充满机遇的时代。为了思考中国企业的国际化之路应该如何走，中国企业家如何突破自身的思维局限、实施国际化战略等问题，我们将这些年的国际化教学成果与调研形成的观点和想法进行了梳理和总结，希望我们这些不是很成熟的见解能够在企业国际化这个大讨论中起到抛砖引玉的作用，同时能为中国企业实现国际化贡献一份绵薄之力。因此，我们认真讨论了这件事，并咨询了一些出版社。在与出版社沟通时，我们更清醒地意识到，在信息时代，国际化已是大势所趋。然而，目前市面上能够指导企业实施国际化战略的工具书还比较少。因此，面对机遇与挑战，我们坚定了完成这本书的创作的决心。我们希望能够通过这本书，为中国企业的国际化之路提供一些科学的启发与建议，并为企业实施国际化战略提供切实可行的建议。

本书将从以下三部分探讨中国企业如何实施国际化战略。

第一部分：战略层面。本书剖析新时代下企业国际化面临的挑战与机遇，解读如何构思、布局国际化。我们在研究与分析企业国际化案例时发现，很多企业对国际化进程中的误区和陷阱并没有清晰的认识和了解。因此，为了敲响警钟，本书将从宏观角度，以总结、分析企业国际化进程中的误区和陷阱入手，从当前所处的 VUCA 时代的特性出发（易变性、不确定性、复杂性和模糊性），探讨企业国际化将会面临的挑战与机遇，旨在帮助企业了解 VUCA 时代下的企业生存法则，从而启发企业全面地、系统地制定国际化战略。如何布局国际化是摆在企业面前的重要问题。基于明茨伯格的 5P 战略模型和 VUCA 时代的特点，我们提出了新 5P 战略模型——由关注计划到以人为本，由侧重谋划到重视合作伙伴，由照搬模式到强调预测，由保持一贯定位到增强可塑性，由秉承传统观念到兼容多元文化。新 5P 战略模型能帮助企业理解如何因地制宜地将已成型的模式运用于海外市场，实现"从 1 到 M"。

第二部分：操作层面。本书提出"国际战略画布"工具辅助新 5P 战略模型的必要性。工欲善其事，必先利其器。本书基于商业模式画布，详细阐述了国际战略画布，展示了企业的国际战略布局，帮助企业在实施国际化战略前进行"沙盘推演"，并及时查漏补缺。

第三部分：实践层面。本书结合多个实际案例（"小米在印度""吉利并购沃尔沃""菜鸟在俄罗斯""华为在巴西"），具体地阐述了新 5P 战略模型与国际战略画布的实际运用，以期能为读者更好地理解新 5P 战略模型和应用国际战略画布提供助力。

在写作本书的过程中，对外经济贸易大学国际商学院和南卡罗来纳大学摩尔商学院国际商务系的同事给予了我们大力支持。此外，王永贵教授的博士生提出了很多建设性意见，并承担了部分工作，付出了辛勤的劳动，在此一并表示衷心感谢。最后，要特别感谢中信出版集团的编辑们为本书提出的许多宝贵建议，让这本书能顺利出版。

王永贵　李卅立

第一部分　新时代下的国际化

第 1 章
国际化进程中的误区

企业在追寻国际化的道路上必然会遇到机遇与挑战。机遇可遇不可求，而挑战却会随时降临。在充满不确定性的全球化环境中，如果企业选择走出去，走进新的国家或地区，面对新的市场和客户，那么企业就需要时刻警醒，就要学会规避误区。本书以宏观视角分析企业国际化进程中可能遇到的常见误区，并列举了生动的案例，帮助企业全方位地思考国际化进程中可能遇到的问题与挑战，可利用的机遇与优势，从而帮助企业的国际化道路走得更远、更顺、更长久。

误区一：为了国际化而国际化
——盲目出海，缺乏清晰发展战略

在国际化热潮下，许多企业开始盲目跟风，将走出去看作企业发展的必经之路，仅仅为了国际化而国际化。然而，野心不是战略，冲动之下制定的国际化战略很难取得成功。在企业没有明确走出去的目标和动因时，为了走出去而走出去，结果可想而知。

以国内共享单车ofo（小黄车）和小鸣单车为例，它们就是在没有明确盈利模式时盲目出海，现在只能以关停海外业务甚至宣告破产收尾。自2018年以来，ofo大幅收缩海外业务，先叫停了以色列等中东国家的单车业务，之后关停澳大利亚业务、退出德国市场、终止大部分美国业务。其中，ofo在以色列和其他中东国家的"存活"时间仅为4个月。从这一系列的撤出举动不难看出ofo的海外运营状况不容乐观。

究其原因，首先是"内功"不纯熟。ofo没有明确自己在国内的盈利模式，对国内运营过程中出现的问题不够重视。ofo在没有夯实国内发展基础、做强优势业务之时，就盲目投入海外市场。其次，对进驻的目标市场环境把握不到位，难以因地制宜地进行优势复制，缺少本地化、差异化的运营战略。以澳大利亚市场为例，由于人口密度较低，澳大利亚人使用单车的频率并不高。相关数据表明，澳大利亚人平均每天仅使用0.3次单车。而在美国市场，相较于共享单车，美国人更偏好共享滑板。除此之外，美国当地法规也是阻碍共享单车发展的主要因素。在华盛顿、芝加哥，政府对共享单车的投放数量进行了限制，共享单车的业务范围受到了严重影响，如芝加哥仅允许投放 50 辆共享单车。

再看浙江华立集团出海案例。浙江华立集团成立于 1970 年 9 月，其业务涉及医药、仪表及电力自动化等领域。2001 年，这家名不见经传的民营企业做出了惊人之举——带着实现国际化的憧憬，华立收购了飞利浦位于美国的 CDMA（码分多址）项目。然而，华立在手机业务上并没有技术经验，这次风马牛不相及的收购不但没能为华立做出贡献，反而成为华立沉重的包袱，使其陷入斥巨资购买技术的窘迫境地——华立要想在 CDMA 项目上有所突破，只能以高价购买新的专利，依赖飞利浦技术团队，同时还要面对这一领域的霸主高通。之后华立放弃 CDMA 转向 TD-SCDMA（时分同步码分多址）研发，以期能够在高通已占领的市场的夹缝中生存。

对国内企业而言，跟风国际化的现象已有所弱化，但明确发展战略、国际化导向以及驱动因素是企业应该也是必须要走的第一步。企业要结合自身实际发展情况，找寻自己的发展缺口和不足，分析自身是否有实现国际化的需求，进而再确定国际化发展的具体战略。国际化不应是目的，而应是顺势之为。在这一方面，中粮集团的表现可圈可点。作为传统的外资企业，中粮集团在国际化发展中不断探索和创新，从走出去到布局全球产业链，中粮既服务于国家的粮食安全战略，也服务于自身的发展目标和战略发展需要，最终满足了国内市场的庞大需求，顺应了全球经济一体化的发展趋势。

误区二：固守自己的"经营之道"

——注重定位的一脉相承而忽视了战略的可塑性

对有着鲜明发展特色或独到经营方式的企业而言，其发展模式已经历过本土环境的考验。而当这些企业更看重自己的发展之道且注重定位和模式的传承时，就会陷入"放之四海而皆准的发展模式"的误区。如果企业过分追求本土优势复制和发展模式的一体化，就往往会忽略目标国的制度与环境，导致国际化战略缺乏灵活性和可塑性。

2004 年 4 月，知名消费类电子企业集团 TCL 成功并购阿尔卡特，共同组建了合资企业 T&A。该企业于 2004 年 8 月正式运营，业务定位为手机产品和服务的研发、生产以及销售。然而好景不长，由于业务和文化出现冲突，难以有效整合，企业经营状况急转直下。2005 年 5 月，成立仅一年的 T&A 解体，标志着 TCL 并购失败。

当事人分析，这次并购失败的主因之一是合资企业内部的整合出现了问题。T&A 正式运营后，TCL 仍旧坚持原有业务模式，雇用销售人员去做终端销售，而阿尔卡特则主张市场开发和渠道建设，双方在营销方式上出现冲突。在这种局面下，TCL以"谁出资购买，谁具有话语权"的姿态，试图改变阿尔卡特的销售方式，结果自然遭到阿尔卡特的拒绝。此外，在文化融合方面，TCL 一贯强势，其管理接近军事化管理，而阿尔卡特则主张人性化管理，两者存在巨大差异。原阿尔卡特员工自然无法适应 TCL 的管理方式，员工怨声载道。

文化差异是企业在并购过程中面临的主要问题，有些企业会采取积极措施来磨合这种文化差异，如并购沃尔沃的吉利、并购 IBM（国际商业机器公司）的联想，但 TCL 仍主张已有定位和管理方式，一味坚持原有的发展模式，对待差异的态度是整治为主、融合为辅，进而使矛盾激化——越来越多的销售人员选择辞职，一度阻碍了 TCL 的发展。在国际化进程中，企业需要不断将自身优势与目标国的制度与环境相融合，因地制宜，采取本土化战略，才能走得更远、更好。如何融合、融合到何种程度，则需要企业在实践中不断进行摸索和调整，保持发展的动态性和灵活性。

误区三：失控的制度与环境

——对目标国的制度与环境把控不到位，风险防范意识不足

在当前全球化发展大势以及"一带一路"倡议之下，越来越多的中小企业选择走出国门，开拓海外市场。但有些企业低估了国际化所需面临的挑战，未做足充分准备就盲目扩张海外市场，再加上它们的风险防范意识不足、手段匮乏，难以规避政治、法律以及金融等主要风险。这些风险是因企业对目标国的制度与环境把控不到位而造成的。对这些正在或即将国际化

的企业而言，了解风险是什么、何时会遇到风险至关重要。

从目标国的制度与环境入手，企业在国际化进程中遇到的风险主要包括政治风险、法律风险、金融风险，以及整合发展过程中面临的文化风险、管理风险和人力资源整合风险等。其中，政治风险是指目标国国内政治环境或外部政治关系变动对进驻企业造成的风险。这种风险难以预见和把控，对企业影响较大。以中国福建宏芯基金收购爱思强为例，2016 年 5 月 6 日，中国福建宏芯基金拟以 6.7 亿欧元的价格收购德国半导体设备制造商爱思强，但这一提议遭到德国政府反对。在这个过程中，德国本应于 9 月 8 日批准该收购案，但 10 月 24 日德国却突然宣布撤销批准，重启评估程序。根据德国《商报》的解释，该批准之所以撤销是因为美国情报部门从中干预，美国指责中国可能将从爱思强获取的技术用于军事扩张，这种子虚乌有的指责使收购计划搁浅，而美国最终也未能提供任何证据。无独有偶，2016 年年初，中国东莞勤上光电计划对 Lumileds（飞利浦流明）进行收购，但美国政府以国家安全为由成功阻止了此次收购。由此可见，政治因素导致的收购失败，是实实在在存在的。此外，美国还不惜出台修正案。美国在《能源法案》和《埃克森－佛罗里奥修正案》两部法案中明确规定，中国企业不能收购美国本土重要的能源企业。华为在手机市场中的收购也遭到了美国出于政治考虑的阻挠。

法律风险是指企业进驻目标市场后，因不了解目标国的法律和制度而遭遇各种失败，比如曾造成恶劣影响的中铁中标波兰高速事件。除此之外，法律风险还包括在履行合同过程中出现的税收、环保、许可证、外汇等政策的变更。企业唯一的解决方法便是充分进行事前调研，做到"知己知彼、百战不殆"。同时，企业最好能够同当地政府签署稳定性协议，以确保一定期限内各项政策及待遇的稳定性。

1999 年，美国的一家石油企业与厄瓜多尔政府签订石油开采合同，并以 15 亿美元的投资建成了输油管道。但厄瓜多尔政府迫于国内政治压力，终止了与这家石油企业的合同，转而与国内某企业合作。美国的这家石油企业提起国际仲裁，最终获得 18 亿美元的赔偿。中国山东潍柴动力收购德国凯傲集团股份时，先后签署了 190 多份合同，以保证在收购过程中来自美国的企业无法强制行使优先权，这是该收购最终取得成功的基础。由此可见，尽职调查与合同保障是对抗"出海"过程中可能出现的法律风险的重要利器。《美国陷阱》一书以法国阿尔斯通高管弗雷德里克·皮耶鲁齐身陷囹圄的亲身经历，还原了阿尔斯通被美国通用电气"强制"收购的过程，同时展现出美国利用《反海外腐败法》打击竞争对手的内幕，向大众揭露了美国的公共权力和国家暴力如何直接和间接地为美国企业在全世界扩张开路的真相。然而值得注意的是，完成跨国收购后美国通用电气的日子并不好过，对任何企业来说，国际化都是一项艰巨的任务，对此我们将在误区四中详细描述。

金融风险主要体现为汇率波动所带来的外汇风险。除此之外，对跨国并购企业而言，其在后续整合发展中还需应对文化风险、管理风险以及人力资源整合风险等。以文化风险为例，这是所有跨国并购企业面临的第一个难题，也是最为致命的难题，从 TCL 并购阿尔卡特的失败案例中，我们就可窥探一二。管理风险以及人力资源整合风险则与人的行为有关，包括管理者和基层员工。并购后的企业能否有效整合资源，这在很大程度上受制于管理者的国际化能力以及处理劳资关系的能力。对于劳资关系冲突，我们将在误区四中进一步阐明。企业需要深刻认识到风险无处不在且不可避免，充分了解目标国的制度与环境。深入其中是应对风险的基础和前提。

误区四：剑拔弩张的劳资关系
——忽视劳资关系管理，工会力量不足，企业多元化发展水平低下

企业在国际化进程中面临的另一大问题是劳资关系管理，尤其当企业跨国并购或在目标国设立子公司、分支机构时，这一问题就更为突出，甚至关乎企业国际化的成败。企业进驻目标市场后，当地的就业环境、劳资关系风险、工会的权力和运营模式、当地员工的薪酬和福利标准等因素，都会影响企业的经营和发展。剑拔弩张的劳资关系里包括两个主体，一是企业员工，二是工会。企业在处理与这两个主体之间的关系时，容

易走进另一个误区。

2014 年 6 月，美国通用电气与法国阿尔斯通签署协议，以高达 106 亿美元的成交价正式收购阿尔斯通。为保障后续业务的顺利开展，通用电气曾对法国政府做出"2018 年年底前增加 1 000 名法国高薪雇员"的承诺，但该计划未能顺利实施。

反之，2019 年，通用电气计划裁减 1 000 名法国员工。其中，通用电气位于法国东部的贝尔福的能源部门是此次裁撤的主要对象。这一举动遭到法国工会的强烈反对，更有员工在位于贝尔福的通用电气大楼前抗议示威。时至今日，通用电气的如意算盘并未打响。面对通用电气的裁员计划，法国政府采取了严厉的举措确保法国员工的权益。对通用电气来说，企业内部紧张的劳资关系无疑是雪上加霜。虽然通用电气利用政治手段消除了最大的竞争威胁，却仍然面临着与阿尔斯通磨合的苦恼。外界都过于乐观地估计了企业整合的难度，认为通用电气占了一个大便宜。事实是，通用电气搬起石头砸了自己的脚，有苦说不出。由此可见，处理好跨国劳资关系对国际化企业至关重要。

对中国企业而言，考虑到生产成本、地理环境以及制度相似等因素，国内企业到越南投资创业的势头有所上涨，但在这一趋势下，中资企业遇到的问题也越来越多。受越南国情影响，越南企业的劳资关系长期处于紧张状态，以增加工资为缘由的劳资冲突和罢工、暴力活动时有发生。在劳工效率方面，尽管越南的人工成本比中国低，但越南员工的工作效率低下且工作投入度不高；在工会维权方面，越南政府要求所有外资企业成立工会。与国内工会不同，越南工会在监督企业以及维护工人权利方面具有强大的组织能力和独立行动空间。当国内企业陷入制度困境时，劳资关系处理不当所带来的种种弊端就会显现出来。中国台湾宝成集团在撤出东莞后，先后转向越南、缅甸等国家。该集团在越南同奈省组建了独立鞋厂，近 7 年来，先后遭遇了 5 次大规模罢工事件。2018 年 3 月，工厂数千名员工因薪资改革而罢工。最后，工厂放弃实施新的薪酬制度，罢工风波才得以平息。伊利集团在劳资关系管理方面的举措可以被称为中国企业的典范，为其他企业提供了成功经验。以伊利在新西兰设立的大洋洲乳业基地为例，为了获得经营权，伊利着重本土化人才策略的实施，除了高薪聘用管理人才外，还雇用了大量新西兰本地基层员工，解决了部分就业问题。除此之外，伊利还设立了奖学金，用以支持当地乳业人才的培养。

国际化的根本在于人的国际化，在于文化、制度等软性因素的整合。处理劳资冲突，重视员工关系管理，避免走入误区和陷阱，完成这些工作都需要本土化的管理策略。从内部的组织结构、文化融合、员工薪酬福利以及工作环境，到外部的工会、政府等主体，企业需要考虑这些因素，并因时而动、因地制宜，在保留差异的同时适度融合、有效管理。对跨国企业而言，搭建全球化的人才管理体系，实现人才的全球化雇用、派遣和管理不失为一个好方法。

误区五：寻找靠山而丢失自我

——过度依赖伙伴关系在国际化进程中发挥的作用

随着经济全球化的到来，企业所处的发展环境越来越充满不确定性，与其利益相关的内外部主体关系也越来越复杂。谁是重要的发展助力、应该选择与谁合作以及合作到何种程度，是企业进驻目标市场需要考虑的又一个问题。选择好的合作伙伴当然会事半功倍，但许多企业在国际化进程中会陷入关系管理的误区——一味向具有影响力、知名度的大企业靠近或过分依赖外国政府的力量，不能审时度势，从而失去自己的特色和发展优势。究其原因，就是企业在处理伙伴关系问题时犯了舍本逐末的错误。企业需要明确的是在国际化进程中，重要合作伙伴既可以成为助力，也可以成为阻力。用好这把双刃剑，发挥其最大效用，才是企业应有之举。

中国企业在缅甸的遭遇，充分说明对合作关系的过度信任并不是明智之举。以密松水电站为例，该项目是受缅甸政府邀请，出于国际间经贸友好往来的目的而设立的，并于 2009 年正式开工，总投资超 36 亿美元。但 2011 年之后，缅甸举行大选，新政府接管政权。受缅甸政治环境的影响，密松水电站项目遭到各方强烈反对，尤其是普通民众的意见很大。反对的主要原因是，中国与缅甸在军政府时期的关系过于亲密。因此，密松水电站的项目无辜被卷入政治争斗中，成为众矢之的。

2011 年 9 月，吴登盛总统宣布，缅甸政府出于对环境问题的担心，将无限期搁置密松水电站项目。无独有偶，在两国政府友好合作的背景下，中国水电承建了缅甸莱比塘铜矿项目，于2010 年 6 月签订协议并投资 10.65 亿美元。2012 年 3 月，该项目正式启动。但 4 个月后，该项目引发了当地居民的大规模抗议游行。2012 年 11 月，这一项目被迫全部中断。在缅甸军政府时期，政府与人民之间的矛盾是缅甸当时最主要的社会矛盾。新政府执政后，从军政府时期受益并且签订了大量合作项目的中资企业，瞬间失去了保护伞，转而成为新政府取悦民众的主要工具。

由此可见，合作协议的签订、信任关系的建立，都不足以对抗国际化进程中的风险。因此，企业在走出去的过程中，必须要深入分析目标国政治环境的稳定性以及并购企业的信誉值。同时，企业应设置计划 B 甚至计划 C，在合作伙伴单方面毁约的情况下，能够建立应急响应机制，将损失降至最低。

为了避免过度依赖某一伙伴关系，企业需围绕自身国际化战略，从发展的关键环节入手，剖析国际化进程中的利益相关主体，明确这些主体对企业经营发展的战略意义。企业应动态考量并综合利用各方关系，做到既各方兼顾，又有主有次，以应对复杂多变的制度和环境。

误区六：以竞争取代合作

——走出去的企业过度竞争，合作共赢意识淡薄

随着国内改革开放的利好政策的推行，越来越多企业走出国门，走向海外市场。除了与国外企业竞争，国内企业面临的主要竞争对手还包括其他走出去的企业。面对同一项目，来自同一国家的同行业企业过度竞争的例子屡见不鲜，尤其集中在基础设施领域，如电站、公路、铁路等项目。重竞争而轻合作的意识只能导致"伤敌一千，自损八百"的惨烈结果。在非洲、东南亚等地区，多家跨国企业参与同一个基础设施项目竞标的现象经常出现。为了获得项目，这些企业普遍采用低价策略，进而形成恶性竞争。如有些企业在低价竞得项目后，以偷工减料的方式控制成本并从中获利，最后使企业和国家的整体形象受损。除此之外，企业竞争还存在一些恶意中伤现象。如一些企业会去当地项目负责部门投诉、诋毁获得项目的竞争对手，甚至提供虚假材料恶意抹黑对手。

我们举一个合作共赢的例子，以期读者能够从中感悟到"合作"在中国企业（尤其是中小企业）走出去过程中所发挥的关键作用。被誉为"常青树"的新希望集团成立于 1982 年，是农业产业化国家级重点龙头企业。1996 年，新希望开始接触海外业务，走上了独具特色的海外发展道路，采取了"抱团好取暖"的集群式发展战略。新希望早期将海外市场聚焦于越南，

在当地建设工厂时，其基础设施以及生产的原材料并非就地取材，而是靠中国企业供应，这为国内企业提供了大量获利机会。除此之外，新希望还在越南市场搭建了自己的渠道网，帮助中国的其他中小企业进驻越南市场。这种牵线搭桥的做法带来了规模效益，带来了新希望、其他寻求国际化的企业以及越南本地企业的"三方共赢"。然而，在利益所得面前，并非所有企业都会选择共赢模式。当下，一些企业在海外市场盲目竞争的现象时有发生。这就需要企业识别竞争误区，以竞合关系取代单纯的竞争或合作关系，构建健康、良性的竞合关系，助力企业的国际化之路。

上述内容结合企业出海的实践，总结了常见的误区与陷阱，如缺少国际化目标的盲目出海、脱离目标国的制度与环境的优势复制、竞争取代合作的利益争夺以及忽视劳资关系的固守发展等。诚然，目标国不同，企业面临的制度与环境也会千差万别，这些总结仅仅是一部分企业出海的经验教训。"授之以鱼，不如授之以渔"，对于没有提及的"暗礁"，我们希望企业家可以借助本书的核心部分——新 5P 战略模型和国际战略画布，在人、伙伴关系、预测、可塑性、多元文化等方面，充分发挥国际战略画布的规范作用，赋予各种要素和资源以灵活性和能动性，树立国际化目标，再塑本土化优势，最终扬起国际化之帆。这就是本书的初衷。

第2章
企业走出去的第一课

蝴蝶效应告诉我们，一只生活在南美洲亚马孙河流域热带雨林中的蝴蝶偶尔扇动几下翅膀，就可以引发另一个地域的一场灾难，更遑论国与国之间的政治较量。当前，跨国企业正处在一个复杂且风云变幻的政治环境中。对跨国企业而言，每一个政治事件的发生都可能带来一场大地震，而在一场又一场大地震之间也必将有余震不断。社会动荡和政府的负面行为是跨国企业在国外从事经营或投资活动时，最常面临的政治风险，外国政府试图以此来达成对外政策目标、影响国内民意、处理经济问题。常见的手段：推崇贸易保护主义、限制向海外企业支付硬通货、实施贸易禁运和制裁等。即便能避开外国政府的各项限制举措，跨国企业也将面临激烈的国内竞争与限制，极有可能面临赔了夫人又折兵的局面，进而无法在目标市场开展有效竞争。因此，国际形势的变幻莫测和国内竞争的异常激烈，充分证明世界已进入一个 VUCA 时代。在这样一个充满变数、错综复杂的国际政治经济环境中，如何站稳脚跟并取得长足发展将成为寻求国际化的企业最关心的问题。下面，我们先从以下 4 个角度来认识一下 VUCA 时代的特点，为企业提供理论指引，帮助企业在一场又一场"地震"中完善自己，增强"抗震"能力。

易变性

地缘政治与地区冲突

近年来，国际化进程受到了一些重大历史性事件的影响，例如，英国戏剧性"脱欧"，意大利修宪公投失败及意大利大选反对党当选，美国大选特朗普当选，法国大选马克龙当选，拉美国家总统选举、立法选举，非洲多国政治动荡、政权更迭，叙利亚、伊拉克、巴林和也门的暴力冲突，卡塔尔断交危机，沙特阿拉伯和伊朗紧张关系升级，巴以冲突，西班牙加泰罗尼亚独立运动，欧洲各国恐怖袭击事件，中、日、韩、越岛屿争端，朝鲜导弹危机，等等。这些事件均显现出逆全球化思潮暗流涌动的迹象。当美国宣布退出《跨太平洋伙伴关系协定》《巴黎协定》后，短短一年时间内，西方国家就从高举旗帜、呐喊贸易自由的支持者，变成了贸易自由的反对者和单边主义的施行者。地缘政治与地区冲突所带来的动荡依然存在。

技术变革与网络安全

科学技术的迅猛发展使世界经济发生了翻天覆地的变化，产品更新速度之快令人瞠目。技术发展成为国家进步的主要动力，进而导致各个国家的政治经济地位的改变。2016 年，世界经济论坛提出，物理、数字和生物的技术融合成功驱动第四次工业革命。技术创新让生产力水平得到提升，使其实现从量变到质变的飞跃性发展；技术创新能够实现低成本的信息通信、便捷的交通出行、高效的物流运输，进而使全球供应链贯通市场；技术创新使国家间、国家与地区间的贸易成本降低，催生出更加国际化的新市场，驱动各贸易国经济的高速增长。因此，谁跟上了第四次工业革命前进的步伐，谁就掌握了经济巨轮的航向。中国因曾经错失工业革命的发展机遇，而感受到了"落后就要挨打"的切肤之痛。因此，无论是国家还是企业，都应当牢牢把握住第四次工业革命这一难得的历史机遇，勇往直前，打造真正的民族企业与负责任的大国。

从供给端的视角来观察现有产业的发展，我们可以发现新技术、新方法已颠覆以往的产业发展模式，比如出租车行业受到了滴滴出行的颠覆性影响，而酒店行业也在 Airbnb、小猪短租的冲击下不断寻求变革。这些颠覆性变革往往由一些具有创新精神、敏锐洞察力的创业者引领。他们在全球性的数字化平台的帮助下，以高质量、低成本的产品和服务迅速占领市场，并逐步侵蚀原领先企业所占有的市场份额。同时，这也催生了需求端客户消费模式的显著改变。在大众社交媒体快速发展、信息传播愈加公开透明的时代，信息不对称已降低，客户在购买产品和服务时的卷入度不断提高，这些都促使企业不断更新其产品和服务的设计、营销、交付战略。

技术的迅猛发展为商业带来机会的同时，也提升了生产效率，提高了人们的生活水平。但技术发展也带来了安全隐患。近年来，网络安全事件频发。2016 年 10 月 21 日，美国社交平台、民众网络服务器都遭到严重的黑客攻击，美国网络几乎陷入瘫痪。2017 年 5 月 12 日，名为"WannaCry"（想哭）的比特币勒索病毒席卷全球，此次病毒勒索事件涉及 150 多个国家和地区、10 多万个组织和机构以及 30 多万个网民，造成了巨额的经济损失。2018 年 3 月 16 日，剑桥分析未经许可收集了超过 5 000 万个 Facebook（脸书）客户的信息，并依据数据分析结果向特定对象推送政治广告，这一事件被认为是人们隐私数据以及大数据治理面临的巨大挑战。

另外，物联网能使所有智能终端互联互通，这种连接并不仅仅局限于设备与互联网之间，也存在于设备与设备之间。与此前以信息泄露为主要特征的网络安全事件不同，互联网的智能设备在为人们提供更好的生活的同时，也会对人们的生产生活产生威胁。例如，被控制的联网汽车可能会自动启动、加速或者刹车，被控制的智能家居可能会失灵。在物联网技术广泛运用的背景下，网络安全问题变得更为重要。

不确定性

中国参与全球化治理屡受阻挠

　　中国正经历从全球化受益者到全球化贡献者和引领者的角色转变，以实现全球治理为己任，彰显大国担当。与此同时，西方主导国际事务的能力和意愿不断下降，越来越多的全球治理专家将目光锁定中国。2013 年，习近平提出共建"一带一路"倡议。如今，"一带一路"倡议已成全球重要的公共产品。它通过推进基础设施互联互通、创设亚洲基础设施投资银行和丝路基金、倡导战略对接等方式，为世界提供物质层面和精神层面的公共产品。截至 2017 年 8 月 17 日，与中国签署共建"一带一路"合作文件的国家和国际组织已达 69 个。据英国学者尚塔努·密特拉估算，"一带一路"倡议将惠及全球 63% 的人口，并将为全球的 GDP（国内生产总值）贡献 2.1 万亿美元。"一带一路"倡议是当前推进新型全球化最实际的行动，也是全球化领域中"中国浪潮"的最大亮点，更是中国企业走出去的最佳机遇。与此同时，有很多西方媒体公开发表文章，文章称中国的招商引资、对外贸易和文化宣传等活动将侵犯世界各国的利益。因此，中国参与全球化治理的步伐，对外进行投资的战略部署频频受阻。此外，企业走出去将遇到汇率波动的情况，可能会导致财务成本、管理成本的增加；国际货币往往存在离岸金融市场，由于它较少受到目标国的监管，因而可能会增加企业走出去的融资成本，故而导致企业的国际化经营成本大幅提高。

地缘政治经济关系变幻莫测

从全球范围来看，近年来贸易保护主义有抬头的趋势——多边贸易自由化陷入低潮、区域一体化趋势增强、各种贸易保护事件频发，这种趋势给企业走出去带来了严峻的挑战。2017 年 8 月，美国对中国发起"301 调查"。2018 年 3 月 22 日，根据"301 调查"，美国总统签署备忘录，提出对中国的进口商品进行大规模关税征收，同时限制中国企业在美国的投资行为。

2018 年 4 月 16 日晚，美国商务部发布公告，称美国政府在未来 7 年内禁止中兴通讯向美国企业购买敏感产品。这一严厉的贸易制裁，将使中兴通讯的大多数业务处于停滞状态。随后，经中国商务部以及中兴通讯多次交涉，以及中兴通讯付出缴纳巨额罚金、替换管理层及董事会成员的巨大代价后，事态的发展才得以暂缓。

国际贸易中的各种"灰犀牛"事件，值得中国企业反思。在企业进行国际化布局之前，如果企业轻视对目标国的尽职调查工作以及抱有较为乐观的投资情绪，那么可能会导致企业制定的国际化战略缺乏全面性。同时，目标国保护主义也可能导致走出去的中国企业面临较为突出的合规性风险。风险一旦爆发，就会为企业带来巨额损失。

复杂性

标准化国际进程缓慢

无论是在贸易领域还是在投资领域，中国标准距离国际标准都有巨大的提升空间，绝大多数走出去的企业，都经历过标准阻碍，标准阻碍也是企业国际化进程中的重要阻碍。当前，"一带一路"倡议的相关工作已如火如荼地开展，然而其沿线国家及地区由于曾受到欧洲列强的殖民统治，所以普遍使用欧洲标准。因此，中国企业在产品及服务提供的标准化方面将遇到较大挑战。

金融体系尚未适应走出去的需要

自 2015 年以来，尽管融资难的问题有所缓解，但其并未发生本质性的改变。美国的贷款利率普遍高于经济合作与发展组织成员国的贷款利率，美国的出口信用保险费率也较高。此外，中国的银行金融机构与保险机构的审批时间长、保险理赔时间长，银行业国际化的程度滞后，境外资产占比较低；中国的境外机构数量少，缺少发达国家的布局，境外机构级别较低；中国的并购融资业务未与国际接轨，中资银行的融资业务难以满足民营企业走出去的融资需求，项目资金难以及时到位。"一带一路"倡议中的一些小国会为中资企业带来较大的汇率风险。原因是这些国家的币种影响力较小，使中资企业难以在海外市场上找到合适的金融衍生品进行风险对冲。

海外投资信息服务未能与企业需求接轨

正确选择投资区域、投资项目，确定投资规模以及采取措施防控风险，是企业进行海外投资并实现经济效益的必要前提。各个国家的投资环境、各个行业的行业特性均不相同，企业难以仅凭自身实力了解对外投资项目的全部信息，因此，企业需要国家提供强大的信息情报支撑。在欧美等发达国家，政府主导建立了较发达的情报信息支撑系统。相较于发展中国家，发达国家研发的情报信息系统的功能更强大。法国、德国等欧盟国家为了鼓励本国对外投资的发展，常常向本国的对外投资者免费提供有关目标国的信息情报，如德国政府推出的线上服务平台，就为投资者更全面地了解目标国的投资环境提供了便利。因此，中国企业走出去也需要借助政府的力量，充分利用政府提供的服务平台，提高抵御海外投资风险的能力，最终在全球化中获益。此外，中西方文化、意识形态的差异，以及"中国威胁论""新殖民主义"的甚嚣尘上，使外国民众、企业对中国产生了较深的误解，从而对中国企业的海外投资造成了负面影响。

海外人身安全风险不断攀升

随着更多的中国企业走向世界，越来越多的中国人也走出了国门。他们去海外投资、旅游，但随之而来的还有他们的人身安全受到了威胁。有关调查表明，金融危机后，暴力和恐怖主义势力不断抬头，全球范围内的安全形势日益恶化，这给我国企业走出国门带来了极大的困扰。但我们可以看到的是，随着我国国力的强盛，我国政府愈加重视人民的人身安全——在事故发生的第一时间，组织一切可以组织的力量，以最高的工作效率来保障人民的人身安全。由此可见，建立安全风险防控机制是保障人民利益的关键，国家应进一步完善安全风险防控机制，使其成为一种常态化的机制。同时，企业也应在日常培训中加入相关培训内容，使员工面对突发事件能够保持冷静，并高效配合国家政府部门的救援与安置。

部分企业的全球化认识具有区域性

走出去是企业发展必然经历的一个阶段。自中国入世以来，国内日益激烈的竞争环境和日趋饱和的市场使越来越多的企业将目光转向海外。近年来，随着中国产业结构调整和发展方式的转变，人工成本剧烈攀升，一大批企业开始谋求国际化发展。由于谋划不足、战略不清晰、核心优势不明显，一些企业常常陷入国际化误区。

一是缺乏全球战略思维。这些企业没有制定具体的国际化战略，将走出去视为解决国内运营问题的灵丹妙药。二是缺乏全球市场思维。这些企业将全球市场割裂为国内市场和海外市场，它们重视海外市场和国内市场的互补性与连接性，却认识不到全球市场的统一性。它们在国内市场和海外市场采用不同的运营策略，有的企业甚至片面强调海外市场而忽略了国内这个全球最大的区域市场。三是缺乏全球管理思维。这些企业将国内市场的管理经验复制到海外市场，造成了本地化程度低、难以融入当地市场的尴尬局面，最终让企业经营变得更加困难。

部分企业陷入履行社会责任的误区

近年来，我国综合国力不断提升，人民综合素质不断提高，企业的社会责任感也不断加强。企业在走出国门后，也更注重通过社会责任的履行来树立品牌形象。然而，中外企业界对中国企业"较好地履行了社会责任"看法不一。具体地说，中国企业认为自己已充分履行了在目标国的社会责任，而外国企业则认为中国企业在履行社会责任方面仍处于较低水平。

产生分歧的原因有三点。首先，缺乏必要的平等和尊重。例如，当中国企业对一些不发达地区进行援助时，部分中国企业并未展现出对当地文化的尊重以及对当地民众的友好，造成当地企业以及民众对中国企业产生抵触情绪。其次，以投机取巧的方式处理部分事务。小聪明往往会断送一个企业的前程。外国企业有一套完整的合规框架，企业的生产、经营、销售等工作均是在该框架下完成的。而部分中国企业却通过一些"变通"的方式获得了更多利益。这种变通给目标国带来了困扰，遭到当地企业、民众的反对。最后，部分中国企业确实存在履行社会责任的误区——捐钱、捐物只是履行社会责任的一种形式，企业履行社会责任的更重要的方式是遵守当地法律、节约资源、保护自然、保障当地员工利益和合法权利，最终实现人与社会的可持续发展。

促进品牌走出去效果有待进一步提升

品牌是一种具有极大经济价值的无形资产，承载着客户对产品和服务的认可。塑造品牌形象、占领海外市场是国内企业"走出去"的两大关键驱动力。然而，在塑造品牌形象时，绝大多数中国企业感到力不从心，塑造品牌形象的实际效果与最初目标大相径庭——中国制造甚至成为低质产品的代名词。这就导致许多"走出去"的企业生产的产品长期处于价值链的低端。由于产品附加值极低，企业只能以量抵质。因此，企业在布局国际化时，应明确如何更好地塑造品牌形象，让产品或服务赢得大众的青睐。

模糊性

新的地缘政治正在形成

1904 年，英国地缘政治学大师哈尔福德·麦金德在其发表的论文中指出，世界历史的发展过程，是陆上人和海上人之间的反复斗争的过程。他主张陆权论，并称欧亚大陆的中心地带为"心脏地带"——陆上霸权的中心。控制了心脏地带，也就控制了欧亚大陆。

中国所处的地理位置，为国家发展带来了便利，但中国也面临着紧张的地缘政治局势。传统地缘政治学认为，海权与陆权的竞争是造成战争的根本原因，也是造成权力中心变更的根本原因。一旦欧亚大陆国家联合起来，霸权中心就形成了。这也是为什么许多海权国家不断通过在边缘地带制造摩擦、冲突甚至局部战争的方式来阻止欧亚大陆国家联合的原因。也正是基于此，"一带一路"倡议顺势而生，其实质是海陆并举的大战略布局。其中，高铁技术作为促进欧亚大陆经济整合的有效工具，将深刻改变 21 世纪的全球权利格局。

美国著名的海军战略家和历史学家马汉认为，谁控制了印度洋，谁就控制了亚洲。我们强调"新陆权"，就是不能让海洋来决定大陆的命运，不能让印度洋来决定亚洲甚至世界的命运。强调"新陆权"是为了改变这种"100% 海洋霸权"的传统地缘政治观念，更是为了在欧亚大陆上重新开辟新的贸易线路。中国必须树立"新欧亚大陆的倡导者和建设者"的形象，并使"文明融合论"替代"文明冲突论"，经济增长弥合政治分裂。

传统的运营模式正在向数字化运营模式转变

企业管理者往往基于经验或本能感知政治环境，并对市场环境及上年度的产品盈利状况进行分析，从而形成对本年度产品的生产量和销售量的预测。这种决策方式存在一定的弊端。当市场环境出现较大变化时，企业管理者根据过往经验所做出的决策就具有较高的风险性，且容易出现由认知偏见导致判断失真的情况。而在信息技术和大数据技术的驱动下，各行各业开始实施数字化转型战略。通过数据驱动的方法，企业可以判断趋势，并展开有效行动，同时也可以及时发现自己所面临的问题，从而提出具有前瞻性的解决方案，避免因决策失误而造成企业成本上升。

Salesforce（赛富时）的创始人弗雷德·席默尔曾说："要么你就利用数据，做出更好的决策，要么你就忽略这些数据，让别人超过你。"但目前的状况是，很多企业热衷于关注大数据，而忽视企业内部的基础数据管理和内部管理团队的数据思维培养。如果你不重视数据，那么它与垃圾无异；如果你重视数据，那么它就是埋在黄沙下的金子。企业要想实现数字化转型，不能只依靠基础设施建设和数据挖掘技术升级，而要具备数据化思维，依靠数据发现问题、分析问题、解决问题和跟踪问题，最终完成数据化管理。

新型合作关系的产生

全球商业合作关系的实质是供应链协同，即通过商流、物流、信息流和资金流的四流合一来实现全球商贸领域供给侧与需求侧的连接。美国对全球经济的控制体现为其对全球供应链的控制。美国对全球贸易协同发展关系的破坏，必将加速贸易结构的裂变。而中国则积极部署供应链创新发展战略，明确提出"融入全球供应链，打造'走出去'战略升级版"的理念。党的十九大提出要在现代供应链等领域培育新增长点。现代供应链是互联网商业环境下的供应链，它有别于传统供应链，它追求扁平化、互利共生的协同新生态。此外，亚太经合组织也于 2014 年提出构建绿色供应链合作网络。尽管我们一直追求的是"不冲突、不对抗、相互尊重、合作共赢"的中美新型大国关系，但冲突有可能促使中美之间的新型合作关系破裂。当然，冲突对全球产业价值链的破坏也极有可能导致新型合作关系的产生。

VUCA 时代的生存法则是什么

《吕氏春秋·召类》有言："圣人不能为时，而能以事适时，事适于时者，其功大顺势而为。"在 VUCA 时代，正应了"唯有变化才是唯一不变的事实"这句话，全球将呈现权力去中心化的格局。也就是说，随着市场全球化、通信全球化、物流全球化，文化交流与融合将在全球范围内展开，个体作为最基本的文化因子和知识因子，将更频繁地参与跨国流动。值得我们注意的是，文化代内趋同和代际差异的扩大将超越区域性的差异和隔阂，国家作为制度单元的重要性可能会超越固定疆域的重要性，国家边界将趋于模糊，政府的主要职能可能将变为对固定区域内人口的管理。未来，我们可以影响环境，但一个企业或一个人的力量不足以影响环境。因此，VUCA 时代背景下的企业不应再将改变视作洪水猛兽，极力地规避它、阻止它，而应遵从古人所言——君子善假于物，将 VUCA 时代视作一种新常态。未来，全球会有很多国际大都市和知识中心，全球将呈现动态的多中心格局。政府和企业都应提供更卓越的服务，才能吸引更卓越的人才。特别是将目标锁定海外市场的企业，要做好充分准备，要时刻将现在的自己作为竞争对手来审视，更要学会在不确定中找到确定、易变中寻得不变、复杂中把握本质、模糊中摸索主线。下面，我们就来探讨一下企业如何在VUCA 时代求得生存并繁荣发展。

企业的学习速度要快于环境的变化速度

管理学大师彼得·德鲁克认为，未来唯一持久的优势是，你有能力比你的对手学得更快。在当前这个知识、技术迭代极快的时代，知识与技术的储备已不再是衡量企业竞争力高低最重要的因素了，取而代之的是企业学习能力的高低，即企业自身接受新知识、运用新知识、拓展新知识的能力。因此，企业需要构建自己独立的学习组织，营造积极、共融、多元的企业文化和学习氛围，从而夯实企业的基础及提升企业的竞争力。比如通用电气、宝洁都通过培养内部人才来增强企业的学习和适应能力，以延续和发展企业文化，提升企业的竞争力。尤其对今天的中国企业而言，产业全球化和大企业兼并重组的趋势逐渐向反全球化和小企业蓬勃发展的趋势转变，中国国内经济也逐渐步入新常态。日益激烈的竞争需要企业以更快的速度和更好的姿态适应新的环境，而能让企业跟上环境变化速度、实现颠覆性成功的便是企业学习的速度。英国管理学思想家雷格·瑞文斯说："一个生物体要想获得生存和发展，它的学习速度必须大于等于环境变化的速度。"生物体如此，呈现 VUCA 特性（易变性、不确定性、复杂性、模糊性）的企业更应如此。再辉煌的历史也无法照亮现在、保障未来，企业只有不断学习、与时俱进，才能真正实现基业长青。

根据新 5P 战略模型制定发展战略

不谋全局者不足以谋一域，不谋万世者不足以谋一时。企业在成功制订走出去的计划后，需要着手进行相应的战略构思与布局。于是我们从明茨伯格的 5P 战略模型（战略是一种计划、一种谋划、一种模式、一种定位和一种观念）入手，结合当今这个动荡而多变、关系错综复杂的 VUCA 时代的背景，提出了新 5P 战略模型，重新对战略进行了解读——由关注计划到以人为本、由侧重谋划到重视合作伙伴、由照搬模式到强调预测、由保持一贯定位到增强可塑性、由秉承传统观念到兼容多元文化。

在新 5P 战略模型的指导下，企业将更加关注各个层级的利益相关者，并把利益相关者的利益与自己的绩效紧密结合。无论是提供产品还是提供服务的企业，都需要更新自己的观念——不再是生产型企业而是服务型企业。此外，在新 5P 战略模型的指引下，企业将更加注重价值链体系的完整性与流畅性，更加注重将自己与对手的竞争关系转变为竞合关系，更在意彼此之间的优势互补、强强联合，而不再争一时之高低。企业走出去的过程实质上是一个"从 1 到 M"的过程。然而，由于每个国家都有自己的政治、经济、文化特点，对已有成功战略的复制不足以帮助企业在国际化进程中取得成功。企业应放弃照搬成功模式的发展战略，转而增强自己的预测能力，预测能力的高低将成为企业取得成功的关键要素。另外，由于 VUCA 时代的特性，企业在提高预测能力的同时，还应结合 VUCA 时代的特性，增强战略的可塑性，以便在环境发生改变时，能够及时调整方向，降低失败的概率。新 5P 战略模型可以指导企业吸纳多元文化，多元文化能够增强企业的开放性、灵活性和可塑性，从而使企业更加快速地融入目标国，实现与目标国的无缝衔接。

利用国际战略画布提前进行布局

工欲善其事，必先利其器。国际战略画布便是帮助新 5P 战略模型落地的最主要工具（我们将在第 5 章详细阐述其由来及使用方式）。对想要实现国际化的企业而言，在制定战略的基础上，利用国际战略画布进行国际战略布局便是企业进行国际化前的沙盘推演，也是对企业推进各项业务的一个宏观把控。

国际战略画布分为三个模块（国际化驱动、再塑成功和盈利模式），每一个模块中的要素都是企业进行国际战略布局所必须考虑且应引起重视的关键点。针对国际环境的易变性和不确定性，企业可以按照国际化驱动中的要素，探索国际化的根本原因和直接原因，或者内因和外因；随后，企业可以通过CAGE 距离模型——从文化、管理、地理和经济 4 个维度度量跨境贸易（见第 6 章的详细介绍），观察自己所面临的环境，找到潜在机遇（如目标国为了吸引外资或技术而制定的优惠政策），发挥强劲优势（如企业的产品或服务的不可替代性），规避劣势（如新进驻的企业通常知名度低，规模小，竞争力不足），正视挑战（如竞争对手采取的防御策略）；最后，企业可以通过对动因和目标国的文化、管理、地理、经济等因素的分析，找到最优发展路径，从而为日后扩大规模打下坚实的基础。

针对国际环境的复杂性和模糊性，企业可以以国际战略画布中的再塑成功的要素作为航向标制定战略。首先，企业需要明确自己的核心优势所在，以及如何进一步将核心优势纵向深化、横向发展。其次，企业需要明确自己的重要合作伙伴，以及与重要合作伙伴的关系，真正做到优势互补、强强联合。再次，企业需要特别重视子母公司关系，一方面要防止因子公司权力过大而牵制甚至反噬母公司的情况发生，另一方面也要防止因母公司过分干预而导致子公司丧失灵活性的情况发生。最后，企业在一个市场内取得成功后，便要思考如何将自身已有的成功加以修正，并灵活运用到别的市场当中。针对企业的立足之本——成本最小化或利润最大化，企业需要探究如何将上述要素排列组合，并进一步探索哪些环节可以开源、哪些环节可以节流，最终实现企业的利润最大化。

第 3 章
实现"从 1 到 M"的三要素

虽然当今逆全球化浪潮涌动，但各国企业纷纷选定时机制定国际化战略，以使企业的产品和服务走出国门、迈向世界。可见，企业国际化是企业进行战略选择的一种趋势。本书的创作目的便是顺应这一趋势。本书旨在通过对新 5P 战略模型的描述与解读，辅以对国际战略画布这一工具的介绍与应用，帮助企业实现"从 1 到 M"。

"从 1 到 M"意味着先有"1"，后有"M"。对初创企业而言，价值主张是其需要考虑的最核心要素。价值主张是企业的灵魂，它代表了企业向顾客传递的核心价值，是对顾客最核心问题的解答以及对顾客最核心需求的满足。在这个问题得以解决后，企业便会拥有立足之本，实现从 0 到 1 的过渡。然而，对大多数企业而言，它们已经具备了一个比较成熟的商业模式，实现了从 0 到 1 的过渡。或者说，对成立之初就致力于国际化的企业而言，它们至少思考过如何实现从 0 到 1 的过渡。此时，企业需要着重考虑的就不再是从无到有的过程，而是要考虑如何将成熟的模式因地制宜地运用于海外市场。我们强调的"因地制宜"就是对本书的核心"从 1 到 M"的解读。从 0 到 1 意味着从无到有，从 1 到 N 意味着对从 0 到 1 模式的复制。而在从 1 到 N 的过程中，其实还蕴含着一个从 1 到 M 的阶段，M 就是国际化经营（Multinational）。从 1 到 M 的过程不是对从 0 到 1 阶段的"拿来主义"，它并非是字面意义上的单纯复制，而是对从 0 到 1 阶段的升华和再创造，即从无到有、由简至繁的过程，也是一个多样化的过程。

下面我们将从两个角度对"从 1 到 M"进行解读。企业为什么要进行国际化经营？国际化经营可以为企业带来哪些国内市场无法满足的利益诉求？从理论角度来讲，在从 0 到 1 的过程中，企业只需具备所有权优势和市场优势，但是在对外投资时，企业不仅要具备所有权优势和市场优势，还需要具备区位优势，因此，当三个优势都具备时，企业会选择走国际化道路。从现实角度来讲，第一，中国经济目前正处于新旧动能转换时期，高科技产业和互联网产业都处于迅猛发展的阶段，无论是国有企业还是民营企业，都应抓住这个机遇实现国际化。这不仅是企业的问题，也是国家的问题，它促使我们思考中国的优秀企业能否在其他环境下生根发芽。第二，在"一带一路"倡议下，中国企业在欧美国家、"一带一路"倡议的沿线国家的投资规模都处于扩大阶段，这是一个很艰难的选择。"一带一路"倡议的沿线国家的经济之所以到现在都没有发展起来，是因为那里是当年欧美人远离的地方，而如今我们选择在这些国家投资。那么帮助企业适应这些国家的市场模式和发展环境，就不再是一个简单复制的问题。第三，现在是进驻新兴市场的机遇期，而市场红利预期可以带来 10% 的经济增长。值得庆幸的是，中国企业的海外投资受到普遍欢迎，那么企业在国际化进程中需要考虑的一点就是如何在市场发展较慢的地方实现融合，提升业务能力，带动当地经济快速增长。第四，有利于企业对供应链的整合。第五，有利于企业更新研发技术，特别是在医药和高科技领域。

在了解了国际化经营的复杂性之后，我们再来探讨一下如何更好地解读 M 所代表的几个维度。

国际化的企业家能够尊重多元文化

著名的"七七定律"是商业并购中的一种规律，它表示在跨国并购中，70% 的并购没有实现预期的商业价值，而其中又有 70% 的并购败于文化融合。由此可见，对跨国企业而言，文化融合才是真正的融合，也是管理方法、技术理念等融合的本源之所在。

因此，我们首先要理解企业文化的基本概念。企业文化是指在特定的历史背景和企业发展环境下，企业在持续生产经营和管理活动中所凝结的独具特色的精神财富和物质形态。无论是企业的发展历史、制度规范、价值观念，还是企业生产的产品，无不带有浓浓的文化烙印。而其中最能体现企业核心文化的便是企业的价值观。价值观是企业发展的根基与灵魂，且它不会随着企业跨越国界而发生改变。在提供产品或服务的对象发生变化的同时，跨国企业也需要适时改变员工的管理与激励方式。

总之，无论哪一家跨国企业，都应当坚持相互尊重、相互理解、相互包容这一最基本的观念不动摇，这才是企业实现文化融合的秘诀。由此，我们要特别针对跨国企业中存在的世界多元文化问题进行分析，并相应地提出些许对策及建议。

对计划开展国际化经营的企业来说，正确认识世界多元文化这一概念尤为重要。因为国际化经营意味着要对企业一直以来秉承的观念和行为规范进行取舍，并融合不同的观念和行为规范来创造新的企业文化，即我们所说的世界多元文化。世界多元文化融合了各国文化。文化融合的难点在于各国企业员工的价值观念、行为习惯之间存在多样性与冲突。比如，西欧国家的员工受基督教影响，重视民主及人格尊重，对劳资和谐与福利制度有较高的追求；美国的员工更注重契约精神，强调个人英雄主义，追求高绩效、高产出；日本的员工则看重集体主义，推崇尊卑观念和忠诚。除此之外，关于生态环境的价值观，不同国家的人的观念也不同。出于保护濒临灭绝的海龟的考虑，美国政府要求捕虾船安装一种昂贵的装置。虽然这种装置可以帮助海龟逃脱捕虾网，但同时也增加了捕虾的成本。东南亚国家依靠低廉的捕虾成本，冲击了美国本土的捕虾业，美国随即提高了关税。由此可见，不同的价值观在给跨国企业创造机会的同时，也可能会带来无法预见的后果。

价值观的冲突极易导致群体断裂带的出现，这在跨国企业中很常见。群体断裂带会导致小团体的出现。小团体内部互动频繁，但小团体之间却往往互动有限，甚至极易出现不当交流与对抗，从而导致任务冲突、共同决策困难、企业内部派系林立。小团体为谋求自身利益而忽视企业整体利益，从而导致企业整体绩效下滑。因此，企业在进驻海外市场前，要预先成立调研团队，对该国的历史背景、宗教信仰、生活习俗、工会文化进行调研，并在海外企业建立之初，就将调研结果融入企业的制度规范与文化价值观。企业需预先培训外派员工，帮助其明确自己的任务与使命，从而减少因文化冲突而带来的不必要的损失。除此之外，企业还可以举办一系列团建活动来促进企业员工间的融合，增强团队成员之间的包容与互助意识，提高团队成员的工作积极性。

针对企业中存在的世界多元文化的融合问题，企业一方面要兼容各种不同的文化理念，尊重不同的文化习俗；另一方面要对拥有不同文化背景的员工采取不同的激励和管理措施。此外，企业还需要协调员工之间的冲突，促进员工的团结协作。

因此，对计划进驻海外市场的企业而言，在其制定国际化战略的初始阶段，首先要做的工作便是对目标国的文化制度背景进行分析。在理论层面，企业可以以新 5P 战略模型为指导，转变思维——由秉承传统观念到兼容多元文化。在实践层面，企业可以通过国际战略画布这一工具进行 CAGE 距离模型分析，从而预知风险，趋利避害，打造坚实而稳定的地基，避免因战略失误而导致成本增加。

国际化的企业家需要有多维度思考的能力

海外市场形势云谲波诡，企业在走出去的过程中一定要跳脱固有的思维和现有的维度去观察和思考。实现国际化不仅需要企业在国外设立工厂、聘用劳工、开拓市场，还需要企业跳出原本的舒适区，以更广阔的视角看待企业发展。企业不应闭门造车，而应具备随机应变的能力——从不同的方位和角度审视问题并进行全方位思考，从而找到问题的最佳解决方案。而更好的国际化战略则能够做到无论是在理论层面还是在实践层面，都能为企业的全局统领工作提供指导，帮助企业熟悉每一条路径的特点，帮助企业熟知如何以相似的流程应对在不同国家文化背景下出现的各类问题，从而帮助企业顺利实现"从 1 到 M"。

　　中国企业的多维度思考能力的欠缺，是有历史渊源可循的。中国自古以来便是一个中央集权的国家，权力的运行也多为顶层设计、中下层执行，因而中国的大多数企业也继承了这种思维方式。企业国际化的过往经验告诉我们，文化背景和社会意识形态对企业行为的塑造过程是一个潜移默化的过程，因此，有出海计划的企业必须转变以往的固有思维方式。一方面，让企业文化与当地文化相融合，增强当地民众对企业的接纳程度；另一方面，从实现共赢的角度考虑企业的长期发展，避免一家独大，通过注重多边合作与发展来保障企业良好的生存环境。

　　举一个浅显易懂的例子。当你在脑海中勾勒世界地图时，也许出现的是这样一幅景象，欧洲国家、非洲国家、美洲国家均位于地图的边缘地带，而整个地图都是以中国为中心。然而，当我们转换思维时，我们就会发现，美国人眼中的地图是以美国为中心的，世界只有东方与西方的差别；澳大利亚人眼中的地图是以澳大利亚为中心的，世界只有南半球与北半球的差别。虽然中国人的爱国主义情怀值得赞扬，但在企业的国际化进程中，我们应更注重融合。我们既要铭记职责，又要注重合理范围内的融合。因为走出国门后的企业，不再是一个独立的个体；企业与众多的利益相关者之间的关系是错综复杂的，竞争、合作将接踵而至。融合的前提是站在利益相关者的角度思考问题，并找到最完美的契合点，从而最大限度地保证利益相关者的利益。那么，企业应该如何转变思维呢？企业又该如何进行多维度思考呢？

当前，中国为全面构建小康社会，强调要坚定不移地打好脱贫攻坚战。在这场攻坚战中，我们都逐渐意识到，仅仅鼓励企业在贫困地区投资、建立工厂是无法从真正意义上消除贫困的，重点在于转变企业的思想。同样的道理，企业仅仅将资本用于开拓海外市场，而不注重自身思想的转变，是无法真正实现国际化的。如今，我们已经进入全球化 3.0 时代——互联网高速发展的时代，资产的全球化配置和人才的全球化流动成为主要趋势。因此，企业应清楚认识到，国际化是战略、思想、体制、人才和文化的国际化。国际化思维方式的培养，才是企业实现国际化的基石。

尽管企业国际化的根本动力和最高目标是实现利润最大化，但企业必须明确的是，仅仅以营利为目的，践行企业的国际化道路是不够的。企业在制定国际化战略时必须明白，为目标国创造效益就等于为企业创造收入。企业应站在目标国的视角思考问题。例如：企业的生产和发展是否会对目标国的环境造成污染？企业是否可以采取有效措施尽可能地减少污染？企业是否仅关注短期利益而忽视了长期利益？企业是否能够帮助政府增加税收和解决就业问题？企业的存在是否有利于提高社会的稳定系数？企业是否能提高目标国人民生活的幸福指数？当企业将自己的发展与目标国的发展融为一体时，企业便可让目标国政府和民众真正接纳，这样才能实现企业的长远发展目标。

国际化的企业家能够把握多边关系问题

多边关系问题同样是企业在国际化进程中需要解决的核心问题。我们认为，多元文化导致了企业多边关系问题的产生。多边关系问题的实质是企业与目标国政府、企业、民众等利益相关者之间的你中有我、我中有你的竞争与合作问题。

国际问题需要多边协商解决。如朝鲜、韩国、中国、美国、俄罗斯、日本六国通过六方会谈解决朝鲜核问题，《巴黎协定》的签署解决了气候变化导致的各种问题。当前，我国不断进行营商环境改革，全面深化对外开放，积极推行"一带一路"倡议，这反映了中国反对单边主义、反对逆全球化浪潮，支持贸易自由化的态度和决心。无论是吸引投资，还是向外拓展，国家都在积极制定各项战略、政策，为企业引进来和走出去创造更加优质的发展环境。基于此，企业可以以强大的国家发展战略背景为依靠，深度把握相关政策并紧跟政策红利，积极寻求贸易伙伴以及利益相关者都认同的多边解决方案，为国际化创造便利条件。

贸易不是仅靠政府间的交流沟通就可以完成的，每个企业都是贸易的重要组成部分。因而，企业在开展选址、建厂、生产、销售等经营活动之前，必须处理好各种关系，如不同国家间关系、一国政府同另一国企业间关系、两国同质企业间关系，以及两国不同质企业间关系。企业在进驻目标市场前，有必要对目标国的政治制度、历史渊源及当前执政党进行一番全面了解，以避免出现因目标国政府的不确定性而带来的企业损耗。此外，无论是面对发展中国家还是发达国家，企业必须避免以不择手段的方式获取利益，一方面可避免付出惩罚性成本，另一方面可赢得目标国政府信任，从而享受优惠待遇。企业在自己的利益得以保证的同时，还要解决目标国的环保、就业、劳工等有利于目标国良性发展的问题，为企业在目标国立足打下坚实的基础。

企业要想在目标国成长与壮大起来，依靠的不仅仅是产品和服务的质量、战略的制定与执行、技术创新与营销能力的高低，还有企业与上下游企业甚至与竞争企业之间的竞合关系。我们都知道，工业革命解放了人类的双手，使产品的批量生产成为可能。而在世界进入全球化经济时代以及外包方式盛行后，一件产品的生产不再局限于在一个企业内部或者在一个国家内部完成，而是通过世界范围内的企业分工与合作来完成。

举一个常见的例子。我们常说，一台电脑的完成＝美国的CPU（中央处理器）＋日本的声卡＋中国台湾的主板＋中国大陆的机箱。一架波音喷气式客机的制造需要全球 6 个国家的 1 500 家大企业和 15 000 家小企业共同完成。同样，参与欧洲"空中客车"飞机研制和生产的航空公司也遍布法国、德国、英国、西班牙、荷兰、比利时、意大利等国家。这一切都是经济全球化的结果。走出去的中国企业更要学会尊重目标国的文化发展环境及风俗习惯，不能只按照中国的模式处理世界范围内的所有问题。企业在遇到问题时，要多交流、多协商，从而得到最佳方案，以成本最小、利润最大的方式来解决国际化进程中遇到的各种各样的问题。

第 4 章
新 5P 战略模型

第二次世界大战结束后，世界各国为避免陷入战争的泥潭，纷纷将主要精力投入基础设施建设，以期促进经济发展。经过几十年的发展，各国经济呈现出稳中向好的趋势。各国企业也不再满足于本国市场内的开疆拓土，而是放眼全球，将目光瞄准全球市场，希望能够在新一轮竞争中分得一杯羹。随着各国经济联系的日益加强、国家间经济规则的趋于一致、多边组织对世界经济约束和协调能力的显著提高，经济全球化浪潮已势不可当，投资贸易自由化和全球经济一体化成为人类社会发展的大趋势。

自 1978 年改革开放政策实施以来，中国政府与企业积极践行对内改革、对外开放的策略，吸引了大量国外企业在华投资建厂。这一举措使中国人民走上了致富的康庄大道，也为世界经济发展和人类文明进步做出了重大贡献。在如今的全球价值链时代，货物与服务已经形成生产、加工、销售等环节的跨国性生产网络。作为全球第二大经济体，中国的发展依赖于世界，世界的发展也离不开中国。于是，中国以"坚持推动人类命运共同体"这一视角，再一次紧随时代的浪潮，提出了"一带一路"倡议，明确表示"始终做世界和平的建设者、全球发展的贡献者、国际秩序的维护者"。伴随着"一带一路"倡议的提出，中国企业获得了有力的政策保障，同时也迎来了"跨越国门，走向世界"的难得的发展机遇。

然而，机遇与风险总是如影随形。2018 年 4 月以来，各国企业在海外的发展前景呈现出不明朗的态势。各国政府积极采取各种手段与策略致力于维护本国及海外市场稳定，中国政府也积极致力于人类命运共同体的建设，为世界人民发展谋福祉。2018 年 7 月 25 日，习近平出席金砖国家工商论坛，发表题为《顺应时代潮流，实现共同发展》的重要讲话。讲话内容包括坚持合作共赢，建设开放经济；坚持创新引领，把握发展机遇；坚持包容普惠，造福各国人民；坚持多边主义，完善全球治理。在这一思路的指导下，中国企业必将迎来"跨越国门，走向世界"的发展阶段，世界范围内各经济体之间的交流与合作也必将成为人类社会发展的主旋律。本书旨在为企业开拓海外市场出谋划策，帮助企业布局国际化战略，使企业明确自己在国际化进程中扮演的角色及需要考虑的战略要素，并帮助企业将这些要素关联起来，形成闭环，实现企业在全球范围内良性生态体系的构建、发展与循环。

从国内企业几十年走出去的经验来看，大多数企业管理者墨守成规，始终以加大输出产能和资本的战略进行布局，缺乏针对海外市场特点而制定的相对独立的国际化战略。这导致一些优秀企业实现国际化举步维艰，甚至不得不放弃前期巨额资金的投入或低价转让前期构建的基础设施，最终落得"打道回府"的境地。中国企业出海失败的大量案例让我们不得不反思出现这一现象的根源所在。为何能在国内市场快速塑造品牌、打造知名度的优秀企业却在海外市场屡屡受阻？企业要想在海外市场占得一席之地，又该如何因地制宜地制定有利于自身发展的国际化战略？为了解决上述问题，我们首先从战略的概念出发，对其进行阐述。只有追根溯源，弄清楚根在哪里，才能真正抓住事物发展的脉络与规律，达到事半功倍的效果。孙子曰："夫未战而庙算胜者，得算多也；未战而庙算不胜者，得算少也。"庙算是指战前就要做出胜人一等的决策，也就是我们在商场中强调的战略。因此，我们只有明白战略是什么，国际化战略又是什么，二者之间有何区别，又有何联系，才能真正了解战略管理的价值和重要性。

通俗地说，战略是从全局出发、经过全方位的深度思考来实现全局目标的一种策略规划。然而，这样宏观而抽象的概念并不能帮助企业管理者深入了解战略的内涵与作用，更无法高效地发挥战略的价值。明茨伯格对战略的概念的理解值得我们深入思考和借鉴。明茨伯格的独到言论常常引发争议，他被视为国际管理界的叛逆者，但正是这种不拘一格、敢于挑战权威的学术精神，造就了他的独特思想、开阔视野、新颖观点，从而为世人所瞩目。明茨伯格为了让人们能够更加清晰直观地理解战略的概念，将其概括为 5P——计划（Plan）、谋划（Ploy）、模式（Pattern）、定位（Position）与观念（Perspective）。换句话说，明茨伯格利用 5P 多维度地诠释了战略，充分展现了战略的丰富内涵。下面我们便从明茨伯格提出的 5P 出发，对战略进行解读。

战略是一种计划，是一种有意识、有目的地制定行动纲领和解决问题的法则。它是企业在开展经营活动之前就事先拟定好的关乎企业长远发展方向、发展规模、发展途径和服务范围的计划。比如，企业在洞察到市场先机后所拟定的产品计划就属于"计划"这一层面的战略。

战略是一种谋划，是在竞争博弈中威胁和战胜对手的工具。它可以使竞争对手处于不利地位或受到威胁。比如，常见的价格战就属于"谋划"这一层面的战略。

战略是一种模式，是企业为实现基本目标而展开竞争、进行资源配置和建立竞争优势的行为路径和价值创造方式。企业通过哪些活动能够创造出满足顾客需求的产品，如何安排这些活动，都属于"模式"这一层面的战略。同时，我们也可以将模式理解为企业相对固定的行为方式。

战略是一种定位。企业在进驻市场前首先要明确自己在市场中所处的位置，并据此进行合理的资源配置，以形成可持续竞争优势。比如，小米"为发烧而生"的定位就清晰地传达出产品的目标客户是手机发烧友。这体现了"定位"这一层面的战略。

战略是一种观念，是指企业形成了对客观世界的固定认知方式。它是企业的价值观体现，也是整个组织成员共同的期望、认知、理想、信念和行为方式的体现。比如，谷歌长期坚守的信念是"工作赋予挑战，挑战带来快乐"，这一信念便属于"观念"这一层面的战略。

基于上述介绍，我们借助明茨伯格的 5P 战略模型加深了对战略概念的认识，增强了对战略规划全局性的理解，并明确了企业在进驻市场前应该如何从战略的 5 个方面进行考量，以完成符合企业最高利益的战略规划。然而，事物是不断变化发展的，我们要善用发展的眼光看问题。今时不同往昔，海外市场风云变幻，各经济体之间的关系也逐渐由竞争转变为竞合。我们置身于不同的海外市场中，应意识到以往成熟的战略体系可能已过时，如今的战略体系被赋予新的内涵和价值。尽管明茨伯格的 5P 战略模型仍然能够指导企业家在国内市场的经营管理上取得成效，但从 5P 出发制定的国际化战略极有可能让企业陷入进退维谷的境地。

下面我们以新能源汽车特斯拉进驻中国市场为例，简要说明为何单纯使用明茨伯格的 5P 战略模型制定国际化战略已不再是最佳选择。特斯拉问世后,其在美国本土市场的生产、销售与竞争均有清晰的计划、主动出击的竞争谋划、成熟的商业模式、高端的定位,以及绿色环保的观念。通过如此全面的战略的制定与实施,特斯拉在本土市场上大放异彩。由此可见,明茨伯格的 5P 战略模型具有卓越的前瞻性、适应性和有效性。

然而,特斯拉自 2013 年进驻中国市场以来,其销售量持续低迷。特斯拉管理层照猫画虎,将针对美国市场制定的战略直接运用于中国市场,导致产品的实际销售量与此前预测的每年 1 万辆的销售量相去甚远——2014 年特斯拉的在华销售量只有 2 499 辆。虽然 2015 年特斯拉的销售量增加了 48%,达到了 3 690 辆,但这还不到 2015 年特斯拉全球销售量 5.05 万辆的 8%。

相较于刚亮相中国时所受到的热捧,特斯拉很快便水土不服,在中国市场的销售陷入僵局。由于许多人把特斯拉看作身份和地位的象征,因此他们购买特斯拉并非出于对其性能的热爱或对其环保观念的认可。特斯拉非但没有在中国市场站稳脚跟,还被充电和毁单等问题所累,导致销售停滞不前。特斯拉在中国市场的销售停滞不前,管理层难辞其咎。为了深入分析特斯拉战略困境,我们采用明茨伯格的 5P 战略模型,从五个方面剖析特斯拉在实施国际化战略过程中凸显的五大问题。

一是宏伟计划难落地。中国电力工业的落后和新能源发展的滞后，导致建造充电站成为特斯拉向前发展的阻碍。另外，充电难、充电桩与产品的不兼容或充电车位被燃油车占用等问题都制约着特斯拉的在华推广。

二是多方谋划无成效。中国车企对开放专利计划不以为然。自 2014 年 6 月特斯拉高调宣布开放专利以来，各种"阴谋论""阳谋论"的说法满天飞。很多国内的新能源汽车生产企业冷眼旁观、不为所动。另外，特斯拉常成为市场竞争的焦点。例如，保时捷、沃尔沃等传统车企，纷纷推出豪华新能源汽车，其中不乏对标特斯拉的车型。

三是商业模式难融入。特斯拉在中国市场的战略实施并没有做到因地制宜。特斯拉对其传统的纯直营模式十分有信心，并在全球推广美国的成功商业模式。因此，特斯拉没有采用中国的 4S 店模式，甚至雇用了一些思想落后、驾驶特斯拉熟练度低的中年员工和没有驾驶经验的年轻员工承担销售职责，结果是售后服务和客户体验极差，进而影响了特斯拉的销售。

四是原有定位不变通。特斯拉中国团队本想趁"双十一"之际，在天猫平台尝试售卖新车型 Model S，以拉动特斯拉在中国地区的销售量，同时减少因毁单而带来的库存压力。然而，如此接地气的营销策略却被总部叫停，因为这种借势营销有悖于"只靠客户口碑传播、不做任何付费投放"的定位。

五是目标客户不买账。部分中国人的环保意识还不够强，高昂的定价表明特斯拉面对的目标人群只能是经济实力较强的高端人群，而这些人中的多数宁肯加价去买一辆大排量、内饰豪华的进口车，也不愿以同样的价格买一辆零污染、零排放的新能源汽车。更令中国客户恼怒的是，特斯拉在 2019 年 3 月降低了多个主打车型的销售价格，中国地区在售汽车的降价幅度很大，一度达到 30%。这触犯了中国特斯拉车主的底线，因为中国特斯拉车主愿意以高昂的价格购买特斯拉的一大动机就是其奢侈品定位能满足他们的心理需求。如此大幅度地降低中国地区的特斯拉销售价格，说明特斯拉对目标人群的定位不够准确。

可见，在制定国际化战略方面，明茨伯格的 5P 战略模型仅仅起到了引导作用。我们应把握时代的潮流，用发展的眼光看问题，不断为经典战略注入新要素，使其更加丰满，对企业实践更加具有指导意义。因此，本书在明茨伯格的 5P 战略模型的基础上，辅以新要素，探索出了一个更适合企业国际化发展的新 5P 战略模型。新 5P 战略模型可以帮助企业在走出国门前对自身的优势、劣势以及即将面临的威胁和机遇有一个清晰的认知，做好全方位的准备。

新 5P 战略模型能帮助企业实施以人为本、重视合作伙伴、强调预测、增强可塑性、兼容多元文化的全方位发展战略。新 5P 战略模型能引领企业探索出具备前瞻性的国际化战略发展路径，帮助企业从国内走向海外，从优秀走向卓越，最终实现基业长青。

从计划到人

　　明茨伯格在《战略管理一：5P 战略模型》（*The Strategy Concept Ⅰ：Five Ps For Strategy*）一文中提到，战略是一种计划，是一种有意识、有目的地制定行动纲领和解决问题的法则。可见，行动前制定和有意识、有目的地制定是战略的两个基本特点。从管理学的角度看，战略是一个能够帮助企业实现最基本目标的具有全局性和系统性的计划。在明茨伯格的 5P 战略模型的指导下，企业更倾向于通过市场调查的方式获取行业信息和统计数据，进而根据分析结果制定战略。而这种制定战略的方式，往往过分关注数据，却忽视了人的重要性。

　　德鲁克认为，人不等同于数据，不能将人数据化。尽管数据在一定程度上可以反映事物的发展规律和变化趋势，并对指引企业发展有战略性意义，但在企业发展的过程中，数据毕竟是冷冰冰的存在，而人却是活生生的个体。仅靠制订计划并不能保障企业的成功，"人"才是企业取得成功的最关键要素。企业是由个体组成的大家庭。如果企业想让员工真正融入集体，就必须将对员工的人文关怀放在首位。同时，管理者也应当学会转变自身的角色，做好企业员工的服务者。此外，顾客是企业服务的对象，为顾客提供良好的服务是企业的立足之本。顾客满意是顾客购买意愿提升的前提，也是企业发展的不竭动力。因此，如果企业想实现长足发展，就必须在给予员工人文关怀的基础上，充分了解顾客的心理，针对顾客的特点为顾客提供独具特色的服务。事实上，企业在国际化进程中，经常在还未打入市场前就铩羽而归，究其原因并非是对数据的误解或统计分析的失误，而是对人这一关键要素的忽视。在变幻莫测的全球竞争环境下，一成不变的计划并不能为企业带来成功，获得人心是企业抵御风险的资本。换句话说，在国际化进程中，缺乏人文关怀，忽视人的重要性，往往会对企业造成致命的伤害。

引用一个很小的案例来说明人在企业的战略布局中的重要性。一直以来，家具 DIY[①] 模式让家得宝引以为傲，但这种模式并未获得中国市场的青睐。因为家得宝在制订发展计划时忽视了一个问题，那就是中国人的生活节奏比较快，且并没有亲自动手制作家具的情怀。中国人通常会雇用专业的装修公司来完成装修。家得宝因忽视了对中国客户的人文关怀而导致失败。相反，摩尔商学院更关注人，以其全美排名第一的国际商务课程为例，课程中的田野观察的非定量方法，可以帮助企业了解当地人的需求，并制定自己的国际化战略。我们再举一个例子。2010 年年初，A. O. 史密斯计划将其研发中心从高成本的大都市上海转移到低成本的乡村地区。50 英里[②] 的搬迁计划似乎是完美的——虽然对美国员工而言，搬迁并不是一个问题，但搬迁计划却让大量的中国员工辞职。因为相较于偏远的乡村，

---

① DIY：自己动手做。——编者注
② 1 英里 ≈1.61 公里。——编者注

中国员工更热衷于住在繁华的都市里。在观察和了解到中国员工对这一问题的认知后，A. O. 史密斯重新调整了其在中国的搬迁计划。

福耀集团在进驻欧美汽车玻璃市场的过程中不断调整自身战略，强调人的作用。在国际化进程中，福耀集团面临一个很大的挑战——国外的人力成本为国内人力成本的 8 倍。同时，受欧美文化影响，福耀集团管理当地员工的难度较大。因此，这就对福耀集团的人员管理及激励制度提出了较高的要求。福耀集团对人才管理模式进行了宏观把控，并合理配备当地人才——一方面，利用中国员工的技术优势；另一方面，发挥当地员工的优势，建立福耀集团的生产团队，并不断加强员工语言、行为准则等方面的培训，加速员工之间的融合。以上案例说明，人在企业国际化进程中的重要性不言而喻。以人为本将是企业国际化进程中的重要一环。

从谋划到伙伴关系

明茨伯格认为战略是一种谋划。谋划的目的是通过虚、实策略的结合战胜竞争对手。然而，在当今投资贸易自由化和全球经济一体化高速发展的时代，国际化战略更多地体现为竞合关系而非竞争关系。贸易并非是一场零和游戏，贸易需要参与方通过各自的比较优势实现多方共赢。因此，在这个全新的、以共享为特征的时代，构建伙伴关系和维系信任远比打败竞争对手更重要。

1994 年，沃尔玛进驻巴西市场。沃尔玛通过率先降价的方式与早在 1975 年就进驻巴西的家乐福展开了价格竞争。可想而知，结果必然是"伤敌一千，自损八百"。因为家乐福与其他同类企业也相继发布降价公告，结果引发了一场价格大战，最终沃尔玛惨败。无独有偶，从 2014 年开始，滴滴与优步之间的补贴战如火如荼。有人认为，滴滴一年的损失约为 40 亿美元。而且，双方都通过融资为这场补贴战补充"弹药"，进一步"扩军备战"。还有人认为，滴滴与优步的总融资已超过 300 亿美元，相当于美军的第一次海湾战争总费用的 1/3。如果它们用这笔巨额资金共同挖掘更大的市场空间，完善硬件与软件，提升客户的产品体验，那么最终一定能实现双赢。

国际竞争绝不是一场零和游戏，相反，它是促使企业通过国际合作发挥协同效应的团队游戏。值得注意的是，团队通过协同合作创造的价值往往不是叠加的，而是指数级增长的。中国中车与南非合作方共同开发非洲市场。中国中车从中国采购无法在南非生产的关键部件，再将其运往南非；并在南非设立工厂，生产其他部件，如转向架、电缆、管路等，然后进行机车组装和调试。中国中车的这种做法一方面为南非创造了大量的就业机会，刺激了南非经济，另一方面也让自己获得了低成本竞争优势。这种伙伴关系思维，成为中国中车打开非洲市场

的第一步。把竞争者当伙伴的思维转变可以帮助企业减少陌生
环境中的竞争对手，赢得发展空间。

从模式到预测

明茨伯格认为，战略是一种持续行为。作为已成功实践过
的战略，其模式有助于企业在行动上保持一致性，能避免企业
因探索新路径而遭遇失败。企业可以通过在新进驻的国内市场
中复制模式，达到事半功倍的效果。这种在国内市场复制模式
的方式可能是极具指导意义的，因为国内各个地方的市场环境
往往是相似的——政治制度、经济发展水平、文化背景均大同
小异。然而，如果企业不做任何前期调研就将这种模式运用于
海外市场，就会遭遇惨败。例如，麦当劳希望通过"汉堡、薯
条、炸鸡"这套成功的销售模式，将西方餐点引入中国市场，
并改变中国人的饮食习惯。进驻中国市场后，麦当劳可谓红极
一时，受到中国客户的追捧。然而，随着中式快餐的迅速崛起，
麦当劳的竞争对手日益增多。面对激烈竞争，麦当劳并没有像
肯德基那样积极采取应对措施（如肯德基推出了符合中国人口
味的中餐产品），因而遭受了巨额损失。

相比之下，《王者荣耀》取得了令人瞩目的战绩。据 2017
年 10 月的官方数据，在游戏品类中，无论是下载排名，还是收
入排名，《王者荣耀》都稳居 App Store（应用商店）排行第一。

《王者荣耀》针对海外玩家的需求，重新对游戏画面进行了美术设计，呈现出完全不同的画面效果。《王者荣耀》还根据不同文化背景，变更了游戏的原有人物设定。在北美市场，《王者荣耀》中可操控的游戏人物不再是中国的历史人物，而是精灵、巨石魔、恶魔法师等人物。在进驻日本市场前，《王者荣耀》也根据日本的历史文化背景为英雄的外观增加了设计细节，使其更符合日本客户的喜好，从而赢得了日本玩家的喜爱。针对伊斯兰国家的市场，《王者荣耀》删除了色彩饱和的游戏背景，替换为客户所能接受的游戏背景。《王者荣耀》的这些举措令其海外版本改头换面，给客户带来了全新的游戏体验。《王者荣耀》因对新进驻市场进行预测而取得成功，这也在一定程度上说明新 5P 战略模型确实能为企业带来价值。

国际化战略得以实施的前提是，企业做出了产品能被海外市场接纳的预测。管理者们需要通过对当地政策的解读、对当地市场环境的研究，以及对当地消费习惯的分析，来对企业能否成功进驻当地市场做出预测。预测和模式之间的差异有助于解释沃尔玛前首席执行官李·斯科特遇到的问题。

沃尔玛曾离开阿肯色州，到达 600 英里以外的亚拉巴马州，以期开拓新市场。沃尔玛还聘请了一名专员来研究新市场，但并未对开拓新市场有任何帮助。事实证明，沃尔玛的原有商业模式并不适用于亚拉巴马州的快消市场。

从定位到可塑性

明茨伯格认为，定位是制订计划、选择模式以及形成观念的前提，是组织适应外部环境的力量——组织的现有资源与外部环境相匹配，从而使组织能够选择一条适合自己发展的路径。

正如"竞争战略之父"迈克尔·波特所指出的那样，定位是制定战略的关键所在。也就是说，企业要选择一条自己最擅长的、具有独特风格的发展道路并坚持下去。但就国际化战略而言，我们认为可塑性也是企业必须具备的重要特质。在这一过程中，企业具备适应环境的能力显得尤为重要。固守已有定位只能让企业忽视当地市场的需求，最终与机会失之交臂。以德国机械类产品为例，德国机械类产品的质量有口皆碑，堪称世界一流。但高品质的定位却未必能够成功迎合海外市场，因为并非所有客户都追求高品质，如有些市场中的客户追求的是廉价。

克虏伯震雄塑料科技有限公司没能成功开拓中国吹塑机市场，恰恰证明了定位的重要性。这家德国公司拥有一流的生产技术和设备，但产品的中档定位使其价格不具备丝毫优势，其产品自然也在中国水土不服。与那些具有同样性能而定价只有几十万元的中国本土吹塑机相比，一百多万元一台的吹塑机自然无人问津。

相比之下，中粮在巴西的表现就可圈可点。中粮自 2014 年进驻巴西以来，已在巴西拥有 2 个码头、12 座筒仓、1 家转运站、2 家大豆压榨厂和 4 家糖厂，中粮对巴西直接投资存量近 50 亿美元。此外，中粮在巴西的谷物油籽经营量超过 800 万吨，粮源合计 740 万吨，仓储能力达 181 万吨，大豆和玉米种子业务也已占据巴西市场份额的 14%。可塑性是中粮的成功秘诀。中粮在巴西的业务定位并没有简单地复制国内市场的"从田间到餐桌的一站式产业链条"的定位。中粮将巴西作为中转站，自建工厂并生产大豆、谷物油籽、食糖等初级加工品，再转销到国内和其他国家。转销原因是巴西拥有丰富的农作物资源，中粮以此为基础生产、加工的产品在巴西本地市场的竞争力不足。

由此可见，具有可塑性的国际化战略可以根据外部环境做出自我调整。企业只有结合已有优势，迅速在新环境中找到适合自己的位置，才能争取到更多的主动权。在中国制造走向海外的历史中，海尔无疑是领先者。海尔进驻美国市场后，迅速地改变了产品定位，并从小型产品入手，主推放在宿舍和办公室的迷你冰箱。这一战略使海尔在美国市场获得了重大突破，同时也避免了与竞争对手——通用电气和美泰克的正面冲击。

从观念到多元文化

明茨伯格认为，观念不仅能影响企业的选择，还能让企业与世界联通、感知世界并向世界提供反馈。作为企业感知世界的一种方式，观念有助于定义企业文化。一个成功的国际化企业需要的不是单一观念，而是多元文化。多元文化能使企业全面融入海外市场，并更好地对当地员工进行授权。然而，许多跨国企业在进驻海外市场之前没能全面洞悉当地的消费文化、价值理念和法律制度，因此屡屡碰壁。

例如，中国法院裁定美国 New Balance 不仅不能再使用"新百伦"的中文标识，而且还要赔偿原告 500 万元。美国 New Balance 因没有事先了解中国对知识产权的定义有别于西方国家的事实，而付出了沉重的代价。相较之下，华为则擅长在西方思维模式下处理海外的企业事务，更看重西方的法律、产权和契约精神。2010 年 7 月 15 日，华为与摩托罗拉终止了长达十年的合作协议。摩托罗拉率先提出诉讼，状告华为窃取其商业机密。但结果出乎意料，在这场战役中，华为选择正面迎战，以摩托罗拉向诺基亚西门子出售网络设备为由，将摩托罗拉与诺基亚西门子同时告上美国伊利诺伊州北方区法院。尽管双方最终和解，但这一反击被《华尔街日报》评价为"中国第一次以知识产权为武器反击西方"。然而，同样作为手机生产商的小米就因缺少这种观念而被送上了印度法庭。

当企业实施国际化战略时，应充分尊重多元文化，并运用逆向思维实现创新。诺基亚通过开发一款 5 美元的超低价手机，成功地占有了印度市场 60% 的份额。诺基亚根据客户需求为手机添加了各种功能，如印度农村地区的电力很不稳定，因此诺基亚为农村客户提供了有手电筒功能的手机。诺基亚非常清楚地看到了这种需求差异，特别是功能差异，并以十分优惠的价格创造了一种符合实际需要的产品。这充分说明多元文化对企业实现国际化的重要性。

以上是本书在明茨伯格的 5P 战略模型的基础上，对新 5P 战略模型的阐述。我们由衷地希望企业管理者能充分意识到国际化战略与国内战略的不同之处，并且能够在明茨伯格的 5P 战略模型的基础上，运用新 5P 战略模型制定自己独特的国际化战略，让企业走出与众不同的中国特色之路。我们坚信，本书提到的这些战略要素已成为企业在走出国门前制定国际化战略时不得不考虑的要素。了解如何高效利用这些战略要素，对企业开拓海外市场和实现基业长青意义重大。

在本章收尾之际，我们再回过头来看一看特斯拉在中国遇挫后，是如何运用新 5P 战略模型做出一系列调整的。首先，特斯拉意识到了人的重要性，人是企业发展的不竭动力，因此要让人走在市场计划的前面。于是，特斯拉开始全力建设充电设施，并任命有丰富项目经验的朱晓彤为中国区总经理。其次，特斯拉意识到了合作的重要性。在中国，没有政策支持的项目是不可能取得成功的，特斯拉必须与政府展开密切合作，并争取更多的第三方力量支持。再次，特斯拉深入了解了中国客户的特点，充分发挥了预测这一要素的价值。特斯拉为中国客户推出了一系列特色服务，如"空中升级""远程诊断""零保养""二手车回收"等。此外，特斯拉为产品的定位增加了更多可塑性，使企业在发展过程中更加具有灵活性，可以根据大环境的变化，不断对自身产品特性做出调整。特斯拉首席执行官埃隆·马斯克也曾多次表示，特斯拉会在中国设立工厂和研发中心，实现本土化生产并降低售价，让更多中国客户买得起特斯拉。2018 年 7 月 10 日，上海迎来了有史以来最大的外资制造业项目——特斯拉超级工厂。最后，企业文化因多元而绚烂。特斯拉开展了一系列环保公益项目，试图通过这些环保公益项目为新能源汽车营造良好的发展环境，增强客户的环保意识，帮助客户形成符合环保理念的消费习惯。我们有理由相信，特斯拉基于新 5P 战略模型的布局和调整，将重塑全球新能源汽车的格局。

　　新 5P 战略模型不仅能帮助企业克服在海外市场遇到的难题，它还能更好地帮助企业管理者思考国际化进程中可能面临的风险和挑战，以及如何利用优势和机遇。当前，对外经济贸易大学国际商学院与中信银行、北汽等国内知名企业联合开设了国际人才培训班，将新 5P 战略模型的国际化战略指导思想和实战经验充分渗透到"国际化素养""国际化管理""跨文化沟通""战略解读""国际化战略大家谈"等课程和活动中，让更多学员认识到以人为本、建立伙伴关系、预测市场、调整产品定位、融入当地文化的重要性。然而，有一部分企业家学员认为新 5P 战略模型有些抽象，希望我们将其更加形象生动地展现出来。针对这个问题，我们开发出了一套工具——国际战略画布，来帮助企业在国际化进程中更好地思考这些战略问题，我们会在第二部分进行详细阐述。

第二部分　国际化战略升级

第 5 章
国际战略画布

　　工欲善其事，必先利其器。企业只有在打磨出自己的利器后，才能在激烈的竞争环境中脱颖而出。国际战略画布便是企业进驻海外市场的利器。本章从国际战略画布的渊源、构成及用途进行了详细介绍。商业模式创新顾问、瑞士学者亚历山大·奥斯特瓦德和洛桑大学信息系统管理教授、比利时学者伊夫·皮尼厄提出了商业模式画布，想必许多读者都在实践中应用过商业模式画布；即便没有应用过该画布的读者，想必对它也是有所耳闻的。我们首先对商业模式画布的构成及用途进行一个简要的回顾。

商业模式画布的 9 个要素

　　商业模式是企业在价值创造、价值传递和价值获取的过程中需要遵循的基本原理。而画布则是将企业要遵循的基本原理相互贯通，重在强调各要素之间的相互作用，并使各要素之间的关系可视化，帮助画布的使用者构造一个完备的网络体系以指导企业的运转。作为一种理解、描述、思考、构建商业模式的可视化语言，商业模式画布形象地构建了核心资源、客户细分、价值主张、关键业务、渠道通路、客户关系、重要伙伴、成本结构和收入来源这 9 个要素，并将这 9 个要素之间的关系相互贯通，使企业高效运行。以下是对这 9 个要素的简要介绍。

核心资源。核心资源是企业建立的前提，企业生存的根本，企业为保障商业模式有效运转所需的最基本的要素。核心资源包括企业的价值主张、固有客户、所占领的市场、供应渠道以及客户维系渠道等。因此，企业在进行战略布局前，需要明确的是企业现有的核心资源是什么，以及潜在的核心资源是什么。

客户细分。除了核心资源之外，客户细分是企业在进行战略布局前需要明确的又一个概念。它被用于描述一个企业想接触和服务的不同人群或组织。客户是谁？每一个决策到底是在为谁创造价值？

价值主张。在进行客户细分后，价值主张可以帮助企业进一步明确客户的喜好，以及为特定细分客户提供一系列产品和服务。此时，企业需要关注客户想解决的具体问题。针对这一问题，企业应传递出怎样的价值。针对差异化的客户群体及客户需求，企业可以提供怎样的产品或服务组合。

关键业务。关键业务是企业为确保商业模式可行而必须开展的核心业务，以及必须实施的关键行动。企业必须将关键业务与价值主张、渠道通路、客户关系、成本结构等要素相关联，并根据上述要素有的放矢地开展关键业务。举例来说，企业在进行战略布局的过程中，需要明确自己是以生产活动为主导来开拓市场，还是作为一个平台来开展业务。

渠道通路。渠道通路是企业与客户之间的桥梁，主要用于描述企业如何将其价值主张传递给客户并赢得客户的好感与信任，从而提高企业的知名度和客户的忠诚度，最终实现企业品牌的构建和净利润的获取。在打造渠道通路时，企业需要探究客户关系的构建方式，并寻求如何能够以最低的成本和最高的效用来构建这种关系。

客户关系。客户关系是企业发展的动力源泉，以及企业竭力去构建和维系的关键要素。企业需要站在客户的角度考虑自己与客户之间的关系，还应实现并超越客户的需求。同渠道通路一样，企业应考虑如何高效低成本地留住老客户、开发新客户并增加产品销量。

重要伙伴。重要伙伴是指让商业模式有效运作的供应商。重要伙伴在企业发展中的作用不容小觑，是企业高效运行的助力器。在选择重要伙伴时，企业需要重点关注谁掌握着自己的核心资源，谁参与了自己的核心业务，以及与谁合作可以实现优势互补、双向共赢。与重要伙伴的良性互动，可以帮助企业降低风险和不确定性、实现规模效应。

成本结构。成本结构是指企业运营一个商业模式所引发的所有成本，包括土地、固定资产等不变成本和原材料、人工等可变成本。企业在制定商业模式时，务必要明确企业最核心的资源、最关键的业务以及有哪些固定成本，再进一步明确其他可变成本的构成。

收入来源。收入来源是企业得以生存和发展的源泉，由普通客户的一次性支付和关键客户的持续性支付构成。除公益企业外，任何企业的成立都是为了实现利益的最大化。因此，企业可以通过收入来源分析客户愿意对产品或服务进行首次支付和持续性支付的原因，以及哪些因素可以提升客户的支付意愿。正向思维与逆向思维的互补，有助于推动企业的商业模式画布的有效构建与使用。

商业模式画布的这 9 个要素构造了 9 个方格，使用者在每一个方格内都可列举多种可能性和替代方案。在列举完成后，使用者可将这些可能性和方案进行排列组合，并通过对各个组合的分析和对比，选取效果最佳者进行战略布局。因此，一方面，创业者可以借助商业模式画布将自己的商业模式形象地展现出来，帮助使用者梳理思路、催生创意、降低环境的不可预测性；创业者还可以借助 SWOT（优势、劣势、机会、威胁）

分析方法帮助使用者把握自己的核心资源，利用自己的核心优势来对抗威胁和挑战；商业模式画布中各要素的排列组合更便于企业发现以最小投入获取最大收益的方法。另一方面，借助商业模式画布，创业者更易于把握各要素之间的相互关系，从而能够系统性地思考自己提出的商业模式是否已经全部涵盖核心战略要素，是否能够提供灵活多变的战略计划，是否能够发现真正有价值的目标客户群体，以及是否能够在商业逻辑上形成闭环。

然而，对许多初创企业而言，尽管商业模式画布已成为其解决问题、制定战略的有效工具，但美中不足的是，商业模式画布并不能有针对性地解决所有初创企业的问题，使用者在应用画布的过程中仍然面临着许多困惑与不解。针对这个问题，阿什·莫瑞亚根据对早期使用者的观察，对商业模式画布做了些许改良，用问题、解决方案、不当利得和竞争优势等要素替代重要伙伴、核心资源及客户关系等要素，开发出了"精益画布"。

精益画布可以帮助企业制定出最佳行动纲领和作战规划图。精益画布的提出使更多的创业者得以更加聚焦地思考问题，更加清晰地梳理出企业应该采用的商业模式，故而被海内外众多初创企业所使用。然而，两种画布都略有局限性。鉴于此，我们希望以两种画布为根基，提出帮助企业进行国际战略布局的工具，以期企业能够在国际化道路上畅通无阻。

新的竞争武器——国际战略画布

我们在上一章将国际化战略的核心理念提炼为 5 个关键要素，即人、伙伴关系、预测、可塑性和多元文化。即便我们通过生动形象的案例对新 5P 战略模型进行了解读，但新 5P 战略模型的理论仍旧过于抽象，无法使读者透彻理解。于是，我们开始思考以画布的形式让这些抽象的战略概念跃然纸上，用最简单的要素构造出一套相对完整的思维模式，打造一个能够让创业者们涂涂写写、排列组合、反复斟酌的工具，从而帮助企业的国际化战略更好地落地。

我们希望新画布可以帮助那些开始对企业发展前景进行国际化思考的管理者。比如，管理者可以通过一个更加生动、直观的模板将自己对企业国际化的整体布局展现出来，还可以让企业国际化进程中的各个环节相互贯通，以及对其进行优先级排列。这样一来，企业不但可以对国际化发展的前因进行一番考量，也可以对国际化发展的后果进行预测，从而制定出具有灵活性的国际化战略。基于这样的初衷，我们将新 5P 战略模型、商业模式画布和精益画布的功能相结合，打造出更具有指导意义的国际战略画布（见图 5-1），以期为创业者们提供一个便捷易用、性价比高的爆款工具。

在这里，我们有必要将国际战略画布与商业模式画布做一个比较，从而说明国际战略画布的设计理念和改良原因。

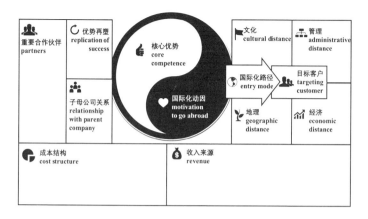

图 5-1　国际战略画布

通过前面的介绍，我们已经详细了解了商业模式画布的概念和要素。商业模式画布的作用是帮助初创企业开展头脑风暴、催生创意、将要素进行排列组合，进而提取价值主张。也就是说，商业模式画布可以帮助初创企业明确自己的核心资源，发现顾客的需求点，提出及实现价值主张。这些要素可以帮助企业打好地基并快速成长。初创企业只有经过深刻思考，才能完成新生，实现从 0 到 1 的跨越。

然而，对有志于国际化发展的企业而言，要面临的可能会是完全不同的命题。对这些企业来说，成长已经不再是它们面临的最紧迫的问题，成功打造品牌的国际知名度才是最重要的问题。因此，我们通过对商业模式画布进行改良，提出了国际战略画布，其设计理念是一个从 1 到 M 的过程。也就是说，相较于使用商业模式画布的初创企业，使用国际战略画布的企业在进驻目标市场前，已经有比较成熟的商业模式，已经实现从 0 到 1 的跨越。

有志于国际化的企业最关心的是，能否尽快在新进驻的海外市场实现企业的规模化，并将已形成的核心优势迅速地复制到海外市场，以期实现再塑成功。在这里需要特别强调的一点是，起初我们选用的是"复制"这个词，因为这可能是企业国际化最先考虑的简单方法。但随后，通过对国际战略画布的反复分析，我们发现这种方法不切合实际。因为国际化并不是一个简单的从 1 到 N 的复制过程，而是一个在海外市场再创业的过程。

因此，在制定国际化战略时，企业最需要明确核心优势和国际化动因两个要素，进而提出更明确的国际化使命和发展愿景，并对自身的国际化进程进行阶段性划分，衡量自身在国际化进程中的战略目标的完成情况。

关于上述两个要素，我们借鉴了吉姆·柯林斯在《基业长青》一书中对企业使命和企业愿景的表述，以太极图来表示国际战略画布中的核心优势与国际化动因之间的相辅相成的关系。在柯林斯的太极图中，阴的一面表示企业使命，即一个相对静态的、不变的核心；阳的一面表示企业愿景，即一个更加动态的、能够激发人的积极性和进取心的蓝图。通过柯林斯的描述，我们可以了解到企业使命与企业愿景并不是两个相同的概念，但它们又不能互相独立，而是如同太极图中阴与阳之间的辩证关系一样，你中有我，我中有你。这种辩证关系能够让我们更直观地体会到企业的核心优势和国际化动因之间的关系：由内向外看，我们认为企业自身的不可替代性——核心优势，决定了企业的国际化动因；由外向内看，我们也能体会到企业生存和发展的大环境会随着地域的改变而发生巨变，进而导致其核心优势会逐渐被调整和重塑。于是，调整后的核心优势又会再次影响企业的国际化动因。

正如讨论价值主张时不能脱离目标客户一样，在讨论企业的核心优势和国际化动因时，我们也一定要有一个比较具体的目标客户。对于如何理解国际战略画布中的目标客户，读者可以参照商业模式画布中的客户细分模块，即企业的产品或服务针对的是哪类客户群体，企业需要为他们提供什么样的产品和服务以满足其个性化的需求。但不同之处是，在商业模式画布中，很多初创企业的客户在 2C 端（针对消费者的），而在国际战略画布中，企业的客户群体则更加多样。使用国际战略画布的企业既有 C 端（消费者）客户，比如小米手机在印度市场大卖；又有 B 端（企业）客户，比如福耀集团为全球的各大汽车企业提供产品；又有面向政府的业务，比如中建集团在美国的主要项目来自美国政府的标的；同时还有企业在当地进行加工生产后，将产品卖给本国或第三国的国际化路径，比如中粮为国内客户在巴西建立了新粮仓，以将收获的产品运回国内。不同的客户群体足以体现出国际战略设计的复杂性，也间接地印证了为什么我们需要一个全新的画布工具。在制定国际化战略时，这个工具可以帮助企业发散思维，降低国际化进程中的不确定性。下面我们将结合新 5P 战略模型，对国际战略画布中的具体要素进行阐述。

国际战略画布的构成

国际战略画布由三个模块构成——国际化驱动、再塑成功、盈利模式，其中每一个大模块又分别包含几个小要素，下面我们将一一对其进行介绍。我们首先来看画布的右侧（见图 5-2），它从目标国的视角，探究企业国际化战略的内部动因和外部环境，刻画了国际化驱动模块的 4 个要素：CAGE 距离模型、目标客户、国际化动因和国际化路径。画布的使用者可以通过 CAGE 距离模型对目标国的制度与环境进行分析和预测，结合企业的核心优势，围绕企业所选定的目标客户及其需求，探寻企业的国际化动因，并将 CAGE 距离模型、目标客户与国际化动因相结合，找到适合本企业的独具特色的国际化路径。此处，值得我们思考的是，怎样将理论与实践相结合，即怎样将画布的工具性与新 5P 战略模型的战略指导性相结合，既在高度上为企业国际化提供理论依据，又在广度上为其提供可落地的实用工具。

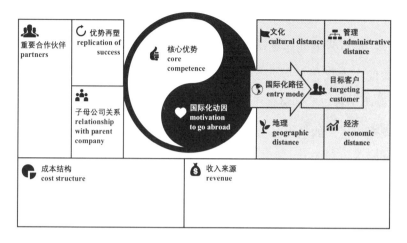

图 5-2　国际战略画布的国际化驱动模块

　　我们用 CAGE 距离模型将目标国的制度与环境的 4 个维度划入企业的国际化驱动模块，这是国际战略画布与商业模式画布在设计上的一个很大的不同点。尽管很多人在使用商业模式画布工具时，会为目标客户画像，但这种画像的背景色是白色。这是因为在一个国家内部，商业模式的制定者和目标客户生活在同样的政治、经济、文化环境下，被相同的制度所约束，遵守相似的行为准则，所以商业模式的制定者在为目标客户画像时，环境因素完全可以忽略不计，这并不会影响其背后商业逻辑的思考。但是，需要特别注意的是，选择国际化的企业在走出去之后，所面临的目标客户是生活在不同的政治、经济、文化环境下的外国客户，他们有自己独特的文化信仰。如果企业在实施国际化战略时，仅仅复制本国的商业模式，那么这个企业很可能会因触碰到外国客户的底线而遭遇惨败。

麦当劳进驻印度市场之后，不得不重新设计自己的汉堡。即使牛肉汉堡是麦当劳的核心产品，但麦当劳仍需尊重印度"视牛为神兽"的风俗，并推出了蔬菜汉堡的新产品。我们可以设想一下，如果麦当劳没有充分了解当地目标客户的偏好，并及时推出新产品，那么麦当劳将无法在印度卖出一个汉堡。这就是为什么我们要运用 CAGE 距离模型进行预判，判断企业能否将目前的核心优势推广到新环境中。这也是对新 5P 战略模型"只注重计划而忽视人"的改变。文化、管理、地理和经济是影响目标客户行为准则和消费习惯的主要因素。因此，我们只有综合考虑 CAGE 距离模型中的 4 个维度，才能制定出全面有效的国际化战略。

在认识到 CAGE 距离模型的重要性之后，我们要继续深入探索企业的国际化路径和目标客户。在商业模式画布中，渠道通路和客户关系这两个要素对初创企业而言是至关重要的。但对走出去的企业而言，这两个要素可以间接地包含在国际化路径和目标客户中。国际化路径指出了企业应该采取什么样的方式进驻目标市场，如何与目标客户长期互动，如何整合当地渠道，使之更好地为己所用。这也是对新 5P 战略模型的"由保持一贯定位到增强可塑性"的实践应用。因而，企业在选择国际化路径的过程中，自然会考虑如何建设销售渠道以及维护与目标客户之间的关系。

下面，我们针对国际战略画布的再塑成功模块进行解读（见图5-3）。这个模块的作用是能够让企业管理者梳理自身优势并把握企业发展的主动脉——运营关系网络、高价值增值通路、稀缺资源等，以及为企业制定国际化战略、开展国际化业务提供有力支持。

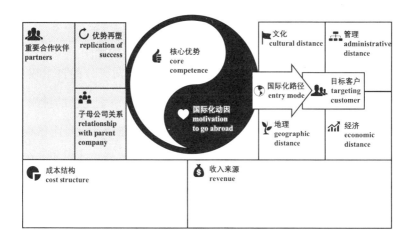

图 5-3　国际战略画布的再塑成功模块

再塑成功模块由 4 个要素构成，分别为核心优势、优势再塑、子母公司关系和重要合作伙伴。我们用优势再塑以及子母公司关系两个要素取代了商业模式画布中的核心资源和关键业务。如上文中的分析，对一家初创企业来说，在没有明确价值主张前，企业应该思考何为核心资源和关键业务。但对一家已经经历过初创阶段的企业来说，思考适用于目标国的制度与环境的商业模式才是重中之重。很多情况下，由于目标国的制度与环境与本国的制度与环境不同，很难仅仅通过复制商业模式实现目标。这就需要我们结合新 5P 战略模型中的观点来实现目标——由保持一贯定位到增强可塑性。目标国的制度与环境的差异，要求企业重构自身优势，对原有的定位有所取舍，否则企业的优势将无法得到发挥。企业只有增强自身定位的可塑性，才能在一个新环境中实现企业核心优势的成功再塑。

同样，在国际化进程中，子母公司关系应该遵循"将在外，君命有所不受"的原则，母公司应给予子公司充分的自主权。对国际化企业而言，如何处理子母公司关系是一个全新的挑战。最好的选择是兼顾母公司与子公司的利益，在制度设计上既能给予子公司充分的权利，又能保障母公司有监督和获得收益的权利。企业应以新 5P 战略模型中的观点为指导——由秉承传统观念到兼容多元文化，不断提高自身适应国际环境的能力。联想以"One Lenovo"（一个联想）为口号，兼容多元文化，并成功实现了企业国际化。所以，在国际战略画布中，我们特意设计了这个模块，以期帮助企业更好地实现国际化。

最后，位于国际战略画布最左侧的重要合作伙伴这一要素，也是新 5P 战略模型着重强调的部分——竞争关系转为竞合关系。相较于商业模式画布中的重要伙伴，国际战略画布中的重要合作伙伴为企业提供了更加丰富的内涵。企业要想在海外立足，不仅要维系好与原有客户之间的关系，实现深入合作，还需要与目标国客户建立合作关系。很多企业在美国设厂是为了缩短供应链距离。然而，企业还需要不断重塑自身的优势，以便于更好地融入目标国环境。

在画布下方的是国际战略画布的第三个模块——盈利模式，它由成本结构和收入来源两个要素构成（见图 5-4）。其中，成本结构可以帮助企业思考国际化的实现涉及哪些成本，如重塑自身优势、寻找新合作伙伴、管理子母公司等成本。收入来源则能更好地帮助企业分析如何从不同客户群体中获益并实现企业价值。此外，企业还需要分析什么样的产品能够让目标客户更愿意付费，目标客户通常通过什么样的支付渠道付费，以及是否有国际金融风险（如利率是否稳定）等。企业只有经过全面考量，才能在国际化进程中做到趋利避害。

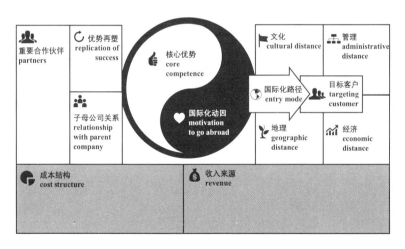

图 5-4　国际战略画布的盈利模式模块

综上所述，企业的管理者在制定国际化战略时，可以从太极图的左边出发，基于自己的核心优势，确定自己能够提供的价值，再立足于"优势再塑""CAGE 距离模型"等关键要素，确定目标国的目标客户以及与其相适配的国际化路径。在这个过程中，每当在一个模块中填入关键要素时，企业的管理者都要相应地思考这一要素会对成本结构产生怎样的影响，以及会给企业带来怎样的收益。最后，企业的管理者可以利用画布下方的关于成本和收入的"账簿"，调整企业的现有资源和预期资源。总之，内容完整的画布应为企业提供清晰且可视化的帮助。

我们希望国际战略画布能为创业者提供一个有效的管理工具，帮助初创企业在国际化进程中更高效地实施国际化战略。它既能为那些刚刚步入国际化的企业提供战略上的指引，也可以为那些国际化战略模式已成型的企业提供审查工具，及时发现疏忽、调整战略。

第 6 章

国际化驱动

本章我们将详细介绍国际战略画布的第一个模块——国际化驱动（见图 6-1）。企业选择走出去并非随性之举，而是有其国际化动因。明确国际化动因及国际化路径（是什么促使企业走出去），确定目标客户并深入探究目标国的制度与环境（企业如

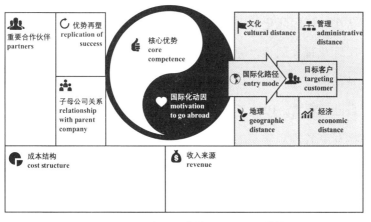

图 6-1　国际战略画布的国际化驱动模块

何成功走出去)，是企业制定及实施国际化战略的前提和基础。

并非资本雄厚的企业才能走出国门

国际化动因是推动企业走上国际化道路的原因和动力所在，而这种动力来自企业内部环境 (如组织规模、发展战略规划等) 及其所处的外部环境 (如全球经济形势、目标国的发展水平、外交环境、行业发展特点等)。由于每个企业的发展目标不同，国际化动因自然也各不相同。企业需要在国际化初期明确自身的国际化动因，因为企业只有在认清自身国际化动因的前提下，才能以此为出发点，制定与动因相符的国际化战略。本书将对国际化动因的内涵和类型进行详细讨论。国际化动因的类型包括市场导向、资源导向 (自然资源、人力资源、技术资源、信息资源等)、知识导向、战略导向和政策导向。

在分析国际化动因的具体类型之前，我们首先应从出现企业国际化现象的根本原因说起。随着跨国企业的迅猛发展、国际贸易的急速扩张，许多专家深入研究了企业国际化，并提出了自己的看法。1960 年，加拿大经济学家斯蒂芬·赫伯特·海默在撰写麻省理工学院的博士论文《国内企业的国际化经营：一项对外直接投资研究》时，率先提出了"垄断优势"的概念，从理论上揭示了企业走国际化道路的根本原因。他认为，企业进行对外直接投资的原因在于企业具备目标国所有同类企业都不具备的垄断优势。这种垄断优势能够帮助企业在目标国获得利益，实现扩张目的。在此基础上，英国经济学家彼得·J.巴克利和马克·卡森于 1976 年首次提出内部化理论，从交易成本的角度阐明了跨国企业对外直接投资的利益所得，并进一步指出了出现企业国际化现象的根本原因。

如果企业想在国际化进程中获利，就需要借助多种要素的优势，如目标国生产要素成本低、对手的竞争力不足等。英国雷丁大学的经济学教授约翰·哈里·邓宁论证了企业对外直接投资应具备的优势，将它们总结为 OLI 模式，O 为所有权优势，L 为区位优势，I 为内部化优势。更确切地说，这些优势正是企业的国际化动因。

以区位优势为例，当目标国的原材料具有采购成本较低的特点，且产品市场还远没有饱和时，对企业而言，该目标国具有明显区位优势和市场吸引力。松下为了使用廉价的劳动力以及获取低成本的原材料，于 1978 年进驻中国市场。松下之所以选择中国市场是因为中国的低廉劳动力而非庞大的消费市场，因而中国市场在松下早期的国际化战略中扮演着生产中转站的角色。中国市场具备的低成本区位优势，给松下在其他市场的产品推广打下了坚实的基础。

美国经济学家雷蒙德·弗农在哈佛大学任教期间发表了《产品周期中的国际投资和国际贸易》，将产品与生命做比较，指出产品也有成长过程，并将其定义为生命周期。不同的产品有不同的生命周期，因而对生产不同产品的企业而言，其国际化动因自然也有所不同。对于国际化动因的类型，专家们基于企业国际化实践总结了多种不同的类型。而本书基于已有研究，结合国际化实例，将国际化动因提炼为市场导向、资源导向、知识导向、战略导向、政策导向 5 个类型。当然，对某一个企业而言，其国际化动因可能涉及多个类型。下面我们重点讨论在企业国际化进程中起主导作用的国际化动因类型。

1. 市场导向。对大多数企业来说，开拓海外市场是最基础的国际化动因。随着企业规模的不断扩大，企业往往不再满足于国内市场。为了避开与国内同类型企业的激烈竞争，企业自然而然地走上了国际化道路。经济全球化和信息技术的不断发展也为市场导向下的企业国际化添砖加瓦。

以国内家电市场为例，随着中国经济的发展，家电市场的消费需求旺盛。不少国际家电巨头看好中国家电行业的潜在能量，纷纷进驻中国市场。松下就是在这段时间内，通过不断调整发展定位，借助自己的研发和营销优势获得了成功。行业巨头的进驻导致中国电器市场竞争激烈，利润空间也被压缩。面对如此形势，TCL 主动出击，开始研究海外市场。2004 年，TCL 正式收购法国汤姆逊的彩电业务，并成立合资企业，这一度引发了中国企业走出去的热潮。尽管 TCL 在 2005 年、2006 年经历了亏损，但通过缩减成本、压缩非核心业务，TCL 在 2007 年成功扭亏为盈。2015 年，TCL 国际化战略迎来转型，开始从贸易关系的建立转向工业能力的渗入，以期与当地合作伙伴一同提升行业竞争力。麦当劳也是通过开拓海外市场，成为全球数一数二的大型跨国连锁餐厅。

此外，国际化还可以在一定程度上帮助企业规避贸易壁垒。由于贸易壁垒是出口贸易遇到的最大的阻碍，因此，不少企业开始升级国际化路径，从原先的直接出口转变为合资并购或直接投资，利用当地的资源自建自销。这么做的好处是，能够通过原产地规则获得关税优惠。如青岛啤酒在泰国走的就是"先市场后工厂"的国际化道路。通过在泰国当地设立工厂，企业在规避贸易壁垒的同时，还能以较低的进口关税进驻东盟自由贸易区内的其他国家的市场。前文提到的 TCL 的收购案，不仅可以避开国内市场激烈的竞争，还可以规避 TCL 在开拓欧盟市场、美国市场时所面临的彩电贸易壁垒，可谓一举两得。

2. 资源导向。这里的"资源"更偏向广义概念，是对有形资源和无形资源的统称，包括自然资源（如石油、土地）、人力资源、技术资源、信息资源等。逐利是企业的本性。在全球经济一体化的大背景下，企业可以以最低的成本获取全球最合适的资源，因此企业国际化就成为降低成本、合理配置资源的有效手段。作为能源富集区的中东，成为越来越多企业国际化的目标地区之一。在"一带一路"倡议的推动下，中国企业开始转向中东寻求发展资源。阿拉伯投资和出口信贷公司发布的相关数据显示，中国企业成为 2016 年中东地区最主要的投资者。

截至 2016 年年底，中国企业的投资额度为 295 亿美元，中国企业主要投资油气领域和基础设施领域。中国石油集团深谙阿联酋在能源领域的区位优势，先后在阿联酋承揽了 4 个石油项目，并与阿布扎比国家石油公司在油气区块合作、气田开发等方面继续加大合作力度。凭借自身经营实力和丰富的经验，中国石油集团在阿联酋的发展可谓顺风顺水，成功树立了中国石油的品牌形象。

3. 知识导向。当企业国际化处于新阶段时，其国际化动因不再满足于寻求海外市场的资源，寻求新知识成为此时的国际化动因。与美国企业相比，中国企业普遍存在缺少核心技术、创新能力不足等问题。因此，中国企业需要付出高昂代价换取掌握在美国企业手中的核心技术。国际化正是打破这一局面的利器。通过并购或直接投资建厂等方式，中国企业可以利用目标国的技术资源，充分吸收对方的先进技术，提升自身创新能力，进而提升核心竞争力。华胜天成的国际化战略就是典型的知识导向战略。2017 年 5 月 24 日，华胜天成通过其子公司 ASL 以 1.18 亿美元收购美国硅谷云计算企业 GD。华胜天成是 IT 综合服务商，而美国 GD 是下一代大型电子商务、开源云计算平台和大数据解决方案提供商，此次并购有助于实现华胜天成与美国 GD 的技术互补，使双方在大数据、机器学习等方面展开深入合作。

4. 战略导向。无论是以上哪一种国际化动因，人们通常认为企业只有在母国发展成熟并积累雄厚资金后，才能开展国际化经营。国际化经营似乎只与那些资金雄厚、技术先进、管理水平高的大企业有关。然而今时不同往日，全球化和互联网为中小企业带来了发展机遇，越来越多的中小企业开始另辟蹊径，制定了符合自身发展的国际化战略。以广受年轻人欢迎的短视频服务提供商抖音为例，抖音自 2016 年 9 月在国内上线后，经营不到一年，就宣布了国际化战略。截至 2018 年年底，相关数据显示，抖音在越南、柬埔寨等东南亚国家处于市场领先地位，在日本市场也大受欢迎。抖音的短视频出海，正是其背后金主今日头条谋求国际化的手段，也是今日头条的国际化战略中的重要一步。还有一类企业在创办之初就有着天然的国际化基因，如成立于 1982 年的中国海油。中国海油全面负责国家对外合作开采海洋石油资源的业务，它的海外资产占总资产的比例已超过 40%。

5. 政策导向。市场导向、资源导向、知识导向及战略导向，均是从企业内部的角度谈及的国际化动因类型。从企业外部的角度来看，政策导向是不容忽视的国际化动因类型。政策是指国家层面的制度保障和政府支持。我们可以从两个角度来理解政策导向对企业国际化的影响：来自本国政府的推动力，来自他国政府的吸引力。从国内市场来看，由于政府鼓励我国企业走出去，因此企业可享受税收、货币方面的优惠政策；从海外市场来看，一些发展中国家（如印度）为了缓解就业压力、吸引外资、发展技术，会给予外资企业关税优惠政策，并鼓励外资企业本土化生产，给予外资企业政府关怀和制度支持。比如，中国建材在政策的引导下，积极响应国家"一带一路"倡议和"走出去"战略。作为中国建材的下属公司，北新建材工业（坦桑尼亚）有限公司深耕坦桑尼亚建材市场十余年，在当地建材市场颇具影响力。同时，坦桑尼亚资源丰富，当地政府对资源型产业持欢迎态度。2015 年，中国和坦桑尼亚就产能与投资合作达成了框架协议，为越来越多国内企业在非洲投资消除了法律、政策方面的顾虑。

中国化工收购先正达的漫漫长路

中国化工于 2004 年 5 月 9 日正式挂牌运营，主营化工新材料及特种化学品、基础化学品、石油加工、农用化学品等业务，是中国最大的化工企业，也是世界 500 强企业，位列第 144 位。

中国化工自成立以来，有过多次大规模的海外收购，先后收购了法国安迪苏、澳大利亚凯诺斯、挪威埃肯等国际化工产业细分龙头。2017 年 6 月，中国化工以 430 亿美元正式收购瑞士先正达。这是迄今为止中资企业最大规模的海外收购案。

2014 年 6 月，美国转基因种子巨头孟山都率先提出收购先正达，并发出邀约，但由于中国化工的介入，孟山都的三次邀约均被拒绝。2015 年 8 月，孟山都宣布放弃收购。在孟山都退出收购之争后，中国化工进一步表达了收购的诚意——既提高了收购报价，又承诺继续保持先正达的运营独立性。2016 年 2 月，先正达同意了中国化工的报价，双方签订收购协议。签署协议后的审批过程是漫长的，包括美国外国投资委员会在内的 11 个国家的投资审查机构，以及美国、欧盟等 20 个国家和地区的反垄断机构先后对这一收购案进行了严格审批，最终此次收购于 2017 年 6 月达成，标志着美国、欧盟和中国三足鼎立的全球农业发展格局形成。

先正达作为一家拥有近 300 年历史的瑞士老牌企业，其业务遍布全球 90 多个国家和地区，主要业务为农药产品以及种子产品的研发与销售。截至 2016 年年底，该企业拥有 1 334.2 亿美元总资产，销售收入高达 895.3 亿美元。先正达拥有多项世界领先技术，而中国化工最需要技术。相关数据表明，截至 2017 年年底，先正达已在全球 120 多个国家和地区拥有 111 个生产供应基地和 141 个研发基地，同时在 68 个国家和地区拥有发明专利 18 897 项。

纵观中国化工收购先正达的全过程，我们会发现，支撑中国化工走完这漫漫长路的力量是寻求技术突破的决心。收购先正达后，中国化工既可以学习先正达的先进技术，又能借助先正达的渠道网络加速完成国际化布局。从先正达的角度来看，舍弃孟山都而选择中国化工则是出于市场导向。首先，先正达与孟山都存在较强竞争关系；其次，先正达瞄准了广阔的中国市场，与中国化工合作有利于其快速、有效地进驻中国市场。

此次收购将有利于中国化工在粮食安全和生产方面有所突破，并填补在种子业务方面的空白。同时，国家将"保障国家粮食安全和食品安全"列为重点工作。中国化工的此次收购正是对国家重点工作的支持——借助技术创新，发挥有限土地的最大生产价值，助力中国农业的转型升级。

如何确定目标客户

在明确国际化动因后，企业还需要确定目标客户。在确定目标客户之前，企业应先确定目标市场。目标市场的确定包含两个层面：一是从宏观层面上看，企业应选择哪一个国家的市场；二是从微观层面上看，企业应选择目标国家市场的哪一个子市场。目标市场确定后，目标客户也会随之确定。此外，企业能否正确识别目标客户离不开对目标国的制度与环境的全面认识。目标客户深受国家的制度与环境的影响，脱离目标国的制度与环境谈论目标客户，无疑是纸上谈兵。此外，国际环境的复杂性增加了企业选择并确定目标客户的难度。我们将在下一部分详述对目标国的制度与环境的预测。

目标客户类型

在确定目标客户之前，我们首先应了解如何识别目标客户及目标客户的类型。识别目标客户的重要性不言而喻。企业在制定国际化战略时，不得不确定自己要接触或服务的目标客户。企业确定了目标客户，充分了解其消费需求和特点，才能成功识别目标客户，再为其提供优质服务。海尔在这一方面的表现可圈可点。海尔进驻巴基斯坦市场后，将目标客户定位为巴基斯坦国家的居民。针对当地居民的着装特点，海尔在 2015 年推出了能够清洗巴袍的大容量洗衣机。2017 年，海尔进一步围绕目标客户深挖需求——通过深入了解当地的家庭结构、居民体型，推出了符合巴基斯坦人的身高特征的宽体冰箱。海尔推出个性化定制冰箱的出发点正是当地居民的消费点。也正因如此，海尔独特的产品获得了当地人的青睐。

从性质上划分，目标客户可以分为企业客户、消费者客户、政府客户以及返销国内客户 4 个类型。

具体而言，企业客户形成的是生产者市场以及产业市场，该客户群体购买产品或服务的目的在于维系企业的生产以及运营，如处于生产加工产业链中下游的原材料采购商、零售商等。消费者客户形成的是消费者市场，消费者对产品或服务有购买需求。他们的购买意愿直接关系到企业最终的利润所得。联想在推出个人电脑系列产品时，其目标客户的类型为消费者客户。联想又将消费者客户细分为都市白领、大学生等群体。针对各群体的不同需求，联想进一步细分产品，使产品和客户需求高度匹配，进而提升消费黏性。政府客户形成的是政府市场。各国的政府因履行政府职能而采购或租用产品，如中国建筑的目标客户主要为各国政府，中国建筑参与的一些项目得到了中外两国元首的支持。返销国内客户是一类特殊的客户。该类客户的出现源于跨国企业对低成本和高利润的追求。经济全球化使生产要素能够得到合理配置，因而企业能够充分调配资源，通过高低差价或汇率差别，实现利润最大化。例如，苹果最初选择在中国工厂生产电子配件并组装成产品，再将产品销往美国市场，该举措正是充分利用了中国人工成本低廉的优势。虽然苹果选择在中国工厂生产产品，但苹果的设计依然能够充分迎合美国人的喜好。

目标客户如何确定

目标客户的确定伴随目标市场的确定，让我们用营销战略要素之一——市场细分来做进一步说明。市场细分类似于数学里的合并同类项，即把有相同或相似需求的客户归类，以形成一个群体，并将其称为一个细分市场。市场细分的目的在于方便企业为产品选择目标市场，从而有针对性地实施营销策略。同时，市场细分需要具备四个特性：一是可衡量性，能够通过科学的调研方法将信息量化；二是可区分性，各细分市场的特征足够鲜明；三是可实现性，能够通过有效的营销手段进驻目标市场；四是可盈利性，细分市场能够让企业获得利润。近期热度颇高的大数据也可以帮助企业确定目标客户。企业通过已有客户数据和人工智能的算法，可以识别潜在客户的特征。亚马逊、网飞和字节跳动采用的推送算法就是通过分析客户的消费记录，发现消费 A 产品的客户通常也对 B 产品有很高的消费倾向，从而自动向该客户推送 B 产品。

在不同的市场中，影响市场细分的因素是不同的。消费者市场一般可以按照人口（性别、年龄、文化程度、民族、职业、宗教、家庭生命周期等）、地理（所处地理环境、气候特点、人口密度等）、经济（家庭或个人收入水平、消费结构等）以及心理（购买习惯、偏好、性格、生活方式等）4 个因素进行细分。生产者市场则可以按照产品的最终用途、购买者所处地理环境、购买者规模等因素进行细分。

完成市场细分后，企业下一步面临的就是选择要进驻的细分市场，即目标市场。这时，企业需要综合考虑该目标市场是否具有足够大的现实需求和潜在需求，盈利空间如何，与自身的国际化动因、核心优势是否契合。在目标市场确定后，目标客户也就随之确定了。

预测目标国的制度与环境

目标国的制度与环境对企业制定和实施国际化战略有着不可忽视的作用，不少企业的国际化道路夭折都是败在没有充分了解目标国的制度与环境上，也就是说，企业未能真正了解目标国的制度、融入目标国的环境。跨国企业实现并购后，因未能有效整合资源而惨败的例子也有很多。目标国的制度与环境几乎渗透在国际战略画布的每一个模块中：没有准确预测目标国的制度与环境，国际化动因就难以出现，国际化路径就难以确认，目标客户就难以明确，优势再塑就难以成功，重要合作伙伴就难以友好合作，子母公司关系就难以处理得当，可见目标国的制度与环境对国际化战略具有重要影响。

如前文所述，CAGE 距离模型为分析目标国的制度与环境提供了依据。企业可以从文化、管理、地理和经济 4 个维度进行分析，了解并把握目标国与母国之间的制度与环境差异，进而因地制宜地选择合适的国际化路径。在这些宏观背景下，企业可以进一步分析目标客户如何受这 4 个维度的影响，并以此为基础预测能否在目标国发挥自己的核心优势。下面我们来具体分析 CAGE 距离模型中的文化距离、管理距离、地理距离和经济距离。

文化距离

不同的宗教信仰、种族、习俗、语言、社会规范都是产生文化距离的因素。文化对一个国家和社会的影响是深远的，会渗透到当地人的一言一行中，其属性决定了人与人之间的沟通交流方式、行为处事方式。由于不同国家之间存在文化差异，因此，企业在目标市场复制发展模式的做法必然会使其在国际化道路上触礁。对跨国企业来说，其国际化经营的重点应该是跨文化管理。目标国与母国的文化距离越小，价值观就越接近，母国员工与目标国员工的交流障碍相对也就越小，且目标国客户对企业的接受度也会变高，从而企业的经营难度就会大大降低。比如，联想聘请大量海外员工做高管，正是为了尽可能地缩短文化距离，而这也充分体现了一家跨国企业应有的经营管理方式。

荷兰心理学家吉尔特·霍夫斯泰德也曾提出衡量不同国家文化差异的文化维度理论，该理论在跨文化研究领域中具有开创性、里程碑意义，它揭开了各国员工在价值观上表现出来的国别差异之谜。霍夫斯泰德的文化维度理论包括 6 个维度，分别是权力距离、不确定性规避、个体主义与集体主义、男性化与女性化、长期取向与短期取向、自身放纵与约束。本书将从这 6 个维度入手，利用数据来直观呈现全球主要发达国家与新兴市场国家之间的文化距离。

文化距离知多少

权力距离：某一社会中处于较低层次的群体对权力分配的接受程度。相较于欧美国家，亚洲国家更看重权力的作用。

不确定性规避：某一社会受到不确定事件或非常规环境威胁后，是否通过正式的规则制度来避免和控制不确定性。

个体主义与集体主义：某一社会对个体利益和集体利益的倾向程度。它将影响个体与个体、个体与集体之间的关系。

男性化与女性化：某一社会对男性和女性职能的界定，以及其对男性品质（竞争性、独断性等）和女性品质（谦虚、关爱他人等）的体现程度。

长期取向与短期取向：某一社会对长期承诺、长远发展或短期效用、及时回报的倾向与追求。

自身放纵与约束：某一社会对个体需求与生活享受的允许程度。

我们兼顾发达国家与发展中国家的文化差异，选取中国、法国、德国、印度、日本、韩国、美国这几个国家作为代表，呈现出它们在不同维度上的文化距离得分，如图 6-2 所示。在权力距离维度上，中国得分最高，韩国、印度等亚洲国家在这一维度上的得分也较高，这意味着这些国家的企业在组织内部决策中偏向自上而下的决策，在商务交往中也更加注重礼仪。

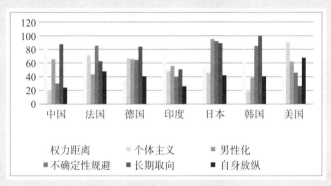

图 6-2　主要国家的文化距离得分

数据来源：www.hofstede-insights.com

在个体主义维度上，美国得分最高，法国、德国次之，这说明这些国家的企业推崇创新文化，尝试激励员工不断创新实践，更看重员工的个人能力。

在男性化维度上，与欧美国家相比，亚洲国家的得分较高，且日本得分最高。相较于得分低、偏向女性化的国家，偏向男性化的国家具有强烈竞争意识，追求成功和声誉。这种男性化倾向使日本人普遍具有较强的时间观念，生活节奏快且有秩序，追求工作效率。对中国企业而言，进驻日本市场或雇用日本本土员工后，需要考虑这些因素。

在不确定性规避维度上，仍是日本得分最高，法国、韩国和德国次之。在强不确定性规避文化的影响下，企业员工偏好上级下达清晰、明确的指令而不是给出模棱两可的建议；同时，这些国家的人青睐能够规避不确定性的稳定职业。由于日本具有较高的不确定性规避，因而终身雇用、全面质量管理等制度在日本的推行可谓大有成效，而这也给其他外国企业进驻日本市场增加了难度。

在长期取向维度上，韩国得分最高，中国和日本的得分也较高。在长期取向国家，企业管理者更看重企业的长远发展，关注投资的长期收益，也重视企业员工间人际关系的培养。

在自身放纵维度上，美国得分最高，这说明美国企业的管理者更为自由，也更注重当下的生活享受。相比之下，中国文化主张勤俭节约和自我约束，因而在这一维度上的得分最低。

管理距离

产生管理距离的原因包括缺乏共用的金融体系、缺乏政治联系、政府制度存在缺陷等。管理距离对政府高度参与的行业影响显著，比如电力、交通运输、航空航天、电信等关系国家经济命脉的行业。此外，管理距离小、政治联系紧密的国家之间的国际贸易往来十分频繁，比如欧盟的成立大大缩短了欧盟成员国之间的管理距离，为成员国企业在欧盟区域内开展国际化经营消除了很多障碍。

管理距离是影响企业实现国际化的重要因素。如果目标国正处于战争时期，企业就很容易因战争蒙受重大损失。然而，即使在和平环境中，目标国的重重贸易壁垒、繁杂的法律体系以及劳工权益保护制度等，都会大大阻碍企业的国际化步伐。因此，在确定进驻某国市场前，企业必须对其管理环境、外交形势一清二楚，从而规避风险。从管理距离的角度看，我们就能明白印度在整体发展水平有待提升的背景下，金融行业却相对发达的原因了。因为印度的金融市场的建立受益于欧美国家，印度全面推进金融市场化，且印度的金融市场有相对成熟的制度体系，如在股票市场上，印度实行欧美国家的股票发行注册制。

国内外的互联网巨头也曾遇到由管理距离引发的问题。各国数据保护条例的不同令脸书大为头疼。TikTok（抖音海外版）是我国为数不多的风靡全球的短视频 App（应用程序），上线近一年便斩获几十个国家的 App 下载榜单头名。然而，由于 TikTok 并未加强对短视频的内容审核，违犯了多个国家保护未成年人的相关法律，因此，TikTok 遭遇了封禁。不过，中国的互联网企业还处于积累经验的阶段，今后一定会对各国之间的管理距离有更清楚的认识。

地理距离

产生地理距离的原因包括距离遥远、缺少海路或河路通道、国家规模不同、交通不畅、气候不同等。母国与目标国之间的地理距离越遥远，企业在目标国开展国际化经营的难度就会越大。概括来说，这一维度既包括自然因素的距离、领土、地形等，也包括人为因素的交通设施等。地理距离会影响企业的运输成本，例如，对钢铁企业来说，产品重量大导致了运输难度大，而地理距离过大无疑会使企业的运输成本直线上升。这时企业为尽可能控制成本，可能会选择海运。可见，运输方式会受限于外部地理条件。

有"黄金水道"之称的巴拿马运河被看作世界贸易的晴雨表，它像一条银链连接中美洲和南美洲，全世界5%的海上贸易活动都集中于此。在拓宽巴拿马运河之前，经由巴拿马运河的油轮会受制于巴拿马运河的通航条件。巴拿马运河对油轮的船宽、载重以及吃水都有要求。这种经由巴拿马运河的油轮也被称为巴拿马型油轮。当企业将货物经由巴拿马运河运往海外时，应首选巴拿马型油轮运输货物，因为运输方式决定了运输成本。例如，一家中国企业将货物从美国东海岸运至西海岸，需经由巴拿马运河进入太平洋后再登陆西海岸。这家企业不会选择铁路运输，因为铁路运输成本远高于海运成本。由此可见，地理距离对企业国际化产生了巨大影响。

地理距离是企业在选择目标国家时，不得不考虑的因素。

比如，中国企业在国际化经营初期，除了要考虑到亚文化对企业国际化的影响，地理距离也是不容忽视的重要因素。多数企业往往从简到难，由近及远，逐步开拓亚洲市场，之后再将业务向欧美市场延伸。尽管互联网的高速发展能够在一定程度上降低因地理距离而产生的成本，但地理时差问题却一直存在。当企业的国际化经营跨越不同时区时，如何有效克服时差带来的难题有待进一步研究。

经济距离

经济距离是由两个国家（或地区）间的居民收入水平差异导致的。此外，产生经济距离的因素还有国别间成本的差异，如因自然资源、财务资源、人力资源、基础设施、中间投入品而带来的成本差异。目标国与母国的经济距离越小，两国客户之间的消费偏好差异也就越小。在这种相似的市场上，企业能够有效发挥自身核心优势，将母国的成功模式复制到目标国的可能性也会有所增加。不过，当不同市场之间因自然资源、人力资源而带来的成本差异较大时，经济距离也会更大。此时，一些实施套利战略的企业能够从国际化中受益，如在服装等快消行业中，企业可能更希望不同市场之间存在较大经济距离，因为两国之间的成本差异能够为企业的投资和贸易开辟更为广阔的空间。

神奇的印度自制黏土冰箱

看过《印度合伙人》这部电影的人，应该都对印度的"廉价"创新有很深的印象。其实在印度这个神奇的国度，类似的创新还有很多。由于印度天气炎热，因此居民需要使用冰箱来储存食物。但冰箱本身的价格以及因使用冰箱而产生的高昂电费，对经济条件有待进一步提高的普通居民来说实为一种负担。

对冰箱的巨大需求为印度冰箱行业带来了新的契机。出身贫困的陶瓷工人普加帕第凭借自己的陶土技艺，自制了一种无须插电、成本低廉的"黏土冰箱"。这种冰箱充分利用了黏土的特性，只需在冰箱上方的储水槽中注入 20 千克清水，冰箱内部就能借助"水分蒸发会吸收热量"的原理达到降温、制冷的功效，无须用电就可实现插电冰箱的冷藏功能。在印度，这种冰箱仅售 3 000 卢比[①]，对购买能力有限的普通居民来说是一种福利。冰箱内外部温差可达到 10℃~20℃，能够满足居民日常的食物储存要求。同时这种冰箱还配置水龙头，注入储水槽的清水可以循环使用，也符合环保要求。

正因如此，一些国际知名品牌的冰箱销量并不乐

---

① 1 卢比 ≈0.098 元。——编者注

观。三星在印度市场上推出了一款有语音控制功能的冰箱，冰箱能在客户的语音指令下提供丰富的食谱。然而，这种具有语音控制功能的冰箱的销量却非常惨淡，销量不高的主要原因是其售价高达 280 万卢比。这意味着这款冰箱的价格甚至高于印度一些低档汽车的价格。

而海尔在印度市场上的本土化战略则可圈可点。海尔是印度人最欢迎的中国品牌之一。海尔在印度始终坚持"本土化深耕与高端化转型"两手抓，根据印度的经济特点，满足大部分居民基本需求的同时，也兼顾追求高品质生活的居民的需求。针对普通居民，海尔推出了"不弯腰的冰箱"，一改印度传统冰箱"上冷冻、下冷藏"的设计，将冷冻室和冷藏室的位置进行调换，居民在日常使用时不弯腰即可取出冷藏室里的食材。该设计赢得一致好评，同时也获得了印度冰箱类产品年度大奖。

企业该如何"进场"

国际化路径，又称进驻模式，是指企业如何开展国际化，以及选择怎样的方式进驻海外市场。除了需要考虑是进驻一个国家还是进驻多个国家的市场之外，企业还需要对以何种方式进驻目标市场进行抉择。企业最终采用哪一种进驻模式，与其国际化动因以及目标国的制度与环境高度相关。需要指出的是，企业选择的国际化路径，应能确保其顺利进驻目标市场，最大程度发挥企业的核心优势，从而获得利润增长空间。

企业的国际化路径受国际化动因、目标国的制度与环境等因素影响。国际化路径有三种模式，分别是贸易型市场进驻模式（出口市场模式）、契约型进驻模式（如授权经营，签订服务合同、建设合同或生产合同）以及直接投资进驻模式（如成立合资企业、独资企业）。其中，贸易型市场进驻模式有直接出口和间接出口两种方式，是最为直接和简单的国际化路径。在国际化初期，由于企业对目标市场不熟悉，国际化经验不足以及投入资金有限，直接出口是最为稳妥和有效的方式。例如，企业可以借助国外代理商、经销商以及零售商的渠道，将产品销售到客户手中。企业也可以采用间接出口的方式，通过中间人与目标客户建立联系，这样能够为其省去国际调研、与目标客户沟通等环节的时间成本和沟通成本，大大降低了国际化的难度。

当直接出口和间接出口的方式均不能满足企业的国际化需求时，企业还可以将所拥有的专利、商标、技术知识、营销技能及管理模式等无形资产转让给外国企业使用，如签订技术转让合同或特许权使用合同，进而通过这种契约方式进驻海外市场。契约型进驻模式包含多种方式。以华特迪士尼为例，该企业进驻日本东京的方式为授权经营。由于日本是华特迪士尼实施国际化战略的第一站，因此它选择不参与投资，也不享有股份，仅向日本企业转让技术，并收取一定的转让费和管理服务费。对东京迪士尼乐园的投资、建造和经营完全由日本的东房地产公司负责，这使迪士尼乐园背后的美国文化能够与日本文化高度融合，因此，东京迪士尼在日本大获全胜。

此外，签订交钥匙工程、OEM（定牌生产）协议以及国际分包等建设合同，也是契约型进驻模式的一种方式。OEM 是指一家企业按照另一家企业的要求，为其生产指定的产品或配件。OEM 又被定义为委托代工，合同双方仅是买卖关系，在合同期内，代工企业的生产受跨国企业的影响和控制。在这种生产方式下，代工企业往往只是按客户需求进行加工生产，能获得的附加值较低。相较于 OEM，ODM（原厂委托设计）则可被看作企业在生产制造上的更进一步发展。不同于 OEM 阶段的以生产产品为主体，ODM 又被定义为设计加工。在 ODM 阶段，企业开始重视与产品和工艺有关的核心技术，以产品设计为主体。在这种模式下，企业可以根据客户的需求为其重新设计新产品。当企业处于 OEM 阶段时，如果企业能把握住机会，在简单生产加工的基础上，发挥设计能力、钻研核心技术，就可以提升自身品牌的溢价能力和知名度，从而进入 ODM 阶段。如国内最大的医用敷料生产和出口企业稳健医疗，其初始业务主要以 OEM

出口为主，目标市场集中在欧洲地区以及日本、美国等发达国家。凭借完善的医疗体系和技术，稳健医疗创立了自己的品牌"Winner"。同时，该企业不断研发新技术，于 2005 年推出"全棉水刺无纺布"产品，并于 2009 年创立子公司全棉时代，将经营业务拓展到日用品行业，从一家 OEM 工厂转型为拥有自主品牌的企业。

当企业发展到一定规模，积累了资本、技术、人才、管理经验等资源后，企业可以考虑直接投资进驻模式。企业可以通过收购目标国企业、与目标国企业共同建立合资机构、在目标国建立工厂、子公司等独资性质的机构，进行直接投资。与前两种模式相比，企业在选择此模式时，不得不考虑所有权和控制权的问题。

尽管合资企业与独资企业仅一字之差，但它们在目标国的受欢迎程度却大不相同，它们面临的挑战、风险和障碍也不能一概而论。合资企业是由不同国家的投资者共同出资，在目标国设立的共同管理、共担风险、共享收益的企业；而独资企业是指跨国企业投入全部股份资本，在目标国依法设立的独立企业。合资的性质让企业更容易被目标国接受，申请过程也相对顺利。我们仍以华特迪士尼为例，该企业在东京市场大获成功后，迅速调整进驻法国市场的国际化路径。为获得最大化利益，华特迪士尼选择在法国独资建立迪士尼乐园，可美、法两国的文化冲突使其在法国市场惨败。之后，华特迪士尼进驻中国香港后，吸取成功经验和失败教训，选择与香港特区政府合作，合资建立香港迪士尼乐园。香港特区政府投资 29 亿美元，并免费提供土地及配套交通设施，占股 57%；华特迪士尼投资 3 亿美元，并获得了 43% 的股份。香港迪士尼乐园的欣欣向荣，在一定程度上证明了这种合资经营模式的成功。

走出美国的迪士尼

1955 年 7 月 17 日，华特·迪士尼在加利福尼亚州阿纳海姆创建了世界上第一座迪士尼乐园，并开始创建位于美国佛罗里达州奥兰多的迪士尼乐园。之后，华特迪士尼走上了国际化道路。

2016 年，华特迪士尼在上海建立了中国内地第一座迪士尼乐园。截至目前，全球有 6 座迪士尼乐园，它们分别位于阿纳海姆、奥兰多、东京、巴黎、香港以及上海。除了迪士尼乐园，还有迪士尼主题酒店、迪士尼小镇以及一系列休闲娱乐设施。

迪士尼乐园善于以卡通形象为原型设计园区，且深受游客青睐。有数据表明，位于奥兰多的迪士尼乐园曾在 2014 年以近 2 000 万游客量稳居全球主题公园第一名。华特迪士尼 2017 年的财报显示，其全财年营收达 551.37 亿美元，净利润为 89.8 亿美元，这令许多同行业娱乐公司难以望其项背。

然而，华特迪士尼走出美国的路并非一帆风顺。早期华特迪士尼进驻巴黎市场时，选择了合资经营模式，并投入了巨资。但因美法文化冲突，巴黎的迪士尼乐园并没有像东京的迪士尼乐园一样赚得盆满钵满，反而出现连年亏损。香港的迪士尼乐园自 2005 年成立后连续 7 年亏损，直至 2012 年，其经营状况才有所好转。

与巴黎和香港的迪士尼乐园相比，东京和上海的迪士尼乐园则呈现另一种局面——盈利情况可观，这得益于华特迪士尼打破了文化壁垒。华特迪士尼进驻东京市场和上海市场时，一方面保留了美国本土文化元素，另一方面则尽力迎合新市场中的客户的文化诉求，将东西文化完美融合，如东京的迪士尼乐园加入了日本的动漫文化元素，上海的迪士尼乐园采用了十二生肖元素和中式建筑等有代表性的中国元素。华特迪士尼在两个市场上的种种本土化举措，打破了文化壁垒，使客户更易接受迪士尼乐园，也使自己尽享文化红利。

除了上述三种模式，战略联盟模式成为越来越多的跨国企业选择的国际化路径。战略联盟的核心是两个或两个以上的企业为实现共同的战略目标，采取共担风险、共享收益的联合行动。该路径的特殊之处在于，两个企业或两个以上的企业在战略目标和合作领域范围之内共担风险、共享收益，它们之间的关系为高度合作关系；但在战略目标和合作领域范围之外，企业之间还可以是竞争关系。由于战略联盟涉及两个或两个以上的企业，不同的行业性质及竞争环境将影响战略联盟模式。战略联盟模式包括联合技术开发、分销协议、合作生产等。上文提及的合资经营模式，也属于战略联盟。战略联盟之所以备受青睐，是因为合作企业在共享收益的同时，能够充分借鉴并利用对方的优势（如核心技术、管理经验等），对市场做出快速反应，以实现"1+1 ＞ 2"的效果。以菜鸟物流为例，作为第四方物流服务提供商，该企业在开拓海外市场时，采取与国外的邮政企业签署结盟协议的方式，将合作方的物流基础设施与自身的先进物流技术以及运营经验相结合，为目标国提供更优质的物流服务。

战略联盟对企业发展的益处显而易见，但这种联盟模式常见于民营企业之间，如大型民营企业之间的对称联盟和大型民营企业与中小型民营企业之间的非对称联盟。当联盟企业性质由均为民企转向民企和政府并存时，这就涉及一种新的国际化路径，我们称之为 PPP（公共私营合作制）模式。PPP 模式是政府与民营企业之间的一种合作模式，且合作多集中于基础设施或公共服务领域，如道路、港口、机场、电厂等。双方通过合同来明确合作过程中的具体义务和权利。以特许经营（如一般特许、特许权经营）或外包（如交钥匙、租赁、模块式外包）为媒介，政府和民营企业之间形成利益共享、风险共担的共同体。同时，企业还能够依靠与目标国政府的紧密联系，减少来自当地居民的阻力。

华特迪士尼进驻中国香港市场后，采用的就是与香港特区政府合作的 PPP 模式。在这种模式下，政府能够减少财政投资，企业的经营风险也能有所分散，双方均能在过程中受益。作为中国电建最大的海外投资项目，巴基斯坦卡西姆港燃煤电站的国际化路径模式也是典型的 PPP 模式。由于巴基斯坦有极大的电力需求，因此巴基斯坦政府采取了一系列鼓励、吸引外资进驻巴基斯坦电力领域的举措。在这个大背景下，中巴两国不断推进卡西姆港燃煤电站项目的落实，项目历时 3 年完成，总投资为 20.85 亿美元，运作模式为 BOO（建设-拥有-运营），实施主体为巴基斯坦私营电力基础设施委员会，使用者为巴基斯坦国家输配电公司。2018 年 6 月 30 日，燃煤电站进入商业运行期，电价由巴基斯坦国家电力监管局批准确定。项目运营期间，巴基斯坦政府给予了高度支持，如为电费支付提供主权担保，国家银行给予政策支持等。对这些动辄需要大量资金的基础设施项目来说，PPP 模式具有独特优势——企业只需与政府相关部门保持有效沟通，充分利用合作优势，就能取得事半功倍的效果。

　　本书在第 4 章对新 5P 战略模型做了系统阐述，现在，我们不妨再仔细回想一下这些内容，进行深入思考。企业走出去不应是盲动行为，也不是一时兴起，而是在明确了自己为何走出去、能否走出去以及如何走出去之后的理智之举。为何走出去是国际化动因，能否走出去是对国际化道路的预测，而如何走出去是国际化的具体行动，我们将在下一章详细说明。能否走出去的关键在于对目标客户、国际化路径以及目标国的制度与环境的预测，这些都需要企业制定兼具预测性、可塑性和多元化特点的国际化战略。在某一市场广受好评的产品或服务能否被海外市场所接受，成熟的业务能否在目标国顺利展开，这些都需要企业的预判，而目标客户和目标国的制度与环境是企业做出预判的基础。目标国的制度与环境赋予了目标客户更多灵活性和不可控性，企业只有深入其中，将目标客户与目标国的制度与环境紧密结合，因地制宜，才能为走出去以及更好地走出去打好坚实基础。需要强调的是，国际化路径并非是一成不变的。企业所处的发展阶段不同、目标国的制度与环境不同、目标客户的转变等，都会影响国际化路径的选择。我们十分肯定的是，只有综合考虑这几方面因素，企业才有可能完成"为何走出去—能否走出去—如何走出去"的国际化进程，否则企业就会出现严重的战略失误。

第 7 章
再塑成功

本章将详细介绍国际战略画布的第二个模块——再塑成功（见图 7-1）。企业要想在海外市场取得成功，首先要明确自身的核心优势，从而才能具有优势再塑的可能性。在再塑成功的过程中，企业的管理理念、与重要合作伙伴的关系都将影响企业

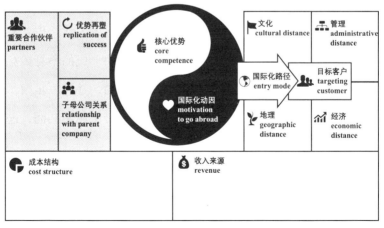

图 7-1　国际战略画布的再塑成功模块

的国际化进程。该模块包括 4 个要素，分别为核心优势、优势再塑、重要合作伙伴以及子母公司关系。

充分发挥核心竞争力

核心优势是再塑成功模块的关键要素。对于核心优势，本书会围绕企业自身优势的来源、类型以及所拥有的核心资源的类型等内容展开详细讨论，如企业自身优势是基于低成本还是差异化，企业所拥有的核心资源是基于营销渠道、垄断优势还是技术专利，等等。

在谈及核心优势之前，我们必须先了解企业的核心竞争力。核心竞争力是企业获取、塑造并巩固自身核心优势的关键来源。1990 年，美国经济学家普拉哈拉德和战略大师加里·哈默在《哈佛商业评论》上发表了一篇题为《公司的核心竞争力》的论文，这篇文章激起了千层波浪，引发了管理界的关注。作者提出了核心竞争力的概念——在企业经营过程中形成的不易被竞争对手效仿、能够应用于多种业务的稀缺能力，并进一步阐释了其具体应用范围。核心竞争力还能为企业带来超额利润，进而使企业在行业中脱颖而出。

核心竞争力是形成企业核心优势的源泉，其类型主要包括品牌、渠道、技术、人力资源、文化、合作伙伴、组织等。文化作为核心竞争力的一种类型，对企业的影响是巨大的。以华为为例，华为的初期定位是一家生产并销售通信设备的民营科技企业。随后，华为凭借独具特色的核心竞争力和国际战略布局，发展为全球领先的信息与通信技术解决方案供应商和智能终端提供商。狼性文化是华为企业文化的典型特征，也是其能够在全球市场上分得一杯羹的核心竞争力。"以客户为中心，以奋斗者为本，长期艰苦奋斗，坚持自我批判"是华为的核心价值观，华为的员工时刻践行这一信条。

也有一些学者称"核心竞争力"为"核心能力"，他们认为，企业的核心竞争力是指在关系到企业生存与发展的关键环节上所体现的比竞争对手更具优势、更为持续的能力。麦肯锡咨询公司将"核心能力"定义为组织内部所具备的一系列技能和知识的结合，而这些技能和知识能使该组织的业务具有竞争优势。核心能力是企业的整体资源，它涉及企业的管理、人才、技术以及文化各个方面。核心能力源于企业的技术及产品、品牌声誉以及企业领导层的卓越品质管理等。

仍以华为为例，除了上述提及的企业文化外，技术创新是其发展国内市场、开拓海外市场、赢得客户青睐的另一种核心竞争力。华为发布的官方数据表明，截至 2017 年年底，华为累计获得 74 307 项专利授权；累计申请国外专利 48 758 项，其中有 2 398 项欧盟专利位居世界第一。通过对自主知识产权和核心技术的追求，华为构筑了不容撼动的核心竞争力。

不论是核心竞争力还是核心能力，企业所具备的超越竞争对手、取得独特优势的能力都是其塑造和获得核心优势的根基，而核心优势则是决定企业能否走下去以及走多远的关键特质。西方主流跨国经营理论认为，跨国企业在国际化进程中若不具备明显优势（如所有权优势、区位优势、内部化优势），其跨国经营将难以取得成功。

依据波特的竞争优势理论，竞争优势的基本战略类型有成本领先战略、差异化战略和集中化战略。下面我们举两个通过追求成本领先、差异化形成竞争优势的例子。成本领先所需的核心竞争力和资源因产业结构不同而存在差别，如追求规模经济、技术专利、原材料优惠待遇等。小米在海外市场上的种种表现，充分印证了成本领先对于企业走出去的重要作用。互联网营销模式以及客户高度参与是小米与其他企业的不同之处。小米手机自推出以来就采用互联网营销模式。小米通过"饥饿营销"战略，既能营造客户购买产品的新鲜感和紧张感，为品牌增加声势和产品曝光度，又能省去中间环节，节省了巨大的营销成本，使产品具备超高的性价比。成本领先成功助力小米打开了印度国门，小米手机于 2017 年一举占据印度手机销售市场的第一名。

差异化则主要表现为产品、服务和形象的差异化，依赖于营销渠道、人员、技术等资源。从品牌和服务入手塑造差异化是海尔国际化的典型思路和发展模式。海尔实现差异化得益于本土化战略，包括研发设计本土化、生产本土化、管理本土化以及产品本土化。其中，产品本土化最具特色，也是海尔实现国际化的重要因素之一。

会"变身"的海尔冰箱

2018 年 7 月，海尔集团旗下的青岛海尔以其在智慧家居和先进制造方面的卓越成绩入选《财富》500 强。作为集团品牌，海尔始终将坚持创新、可持续发展、客户至上以及缜密的解决方案作为自己的品牌信仰，从一个需要靠引进国外技术和生产线的不知名品牌成长为全球知名品牌。目前，海尔已在全球实现多方位布局，拥有"10+N"研发体系、33 个海尔冰箱工厂和 66 个营销中心，为关注并满足全球家庭的差异化需求提供了技术和硬件保障。

20 世纪 90 年代末，海尔进驻海外市场。在开拓海外市场的过程中，海尔坚持创新，以自有品牌出口，采取鲜明的差异化战略，推出差异化产品以满足消费需求。海尔采取本土化制造、本土化生产和本土化营销的"三位一体"策略，进驻目标市场后，会根据当地文化和居民生活习惯，推出各具特色的本土化产品和服务。海尔冰箱进驻美国市场时，为客户提供的是超大空间的美式变温对开门冰箱，以满足美国客户的需求。考虑到日本居住空间狭小的现状，海尔在日本市场推出了迷你洗衣机。考虑到欧洲居民对高品质生活的追求以及对食材保鲜的高要求，海尔在德国等欧洲国家推出了具有全开式抽屉、超薄玻璃等设计特点的冰箱，解决了困扰欧洲客户许久的冷冻抽屉问题。

在布局印度市场时，海尔最初考虑到印度与中国相似的经济发展水平，就将中国的商业模式直接运用于印度市场，但收效甚微。之后，海尔迅速调整产品策略，从印度居民的素食习惯、一次性购买大量食材的消费特点以及常年处于热带气候入手，推出了符合当地特点的颠覆性 BM 冰箱。该系列冰箱的一大特色是设有大容积的冷藏室且能够实现快速制冷，满足了客户冷藏存储大批食材的需求。此本土化之举大获成功，BM 冰箱成为印度冰箱市场的主流品牌。

除了实施本土化战略外，海尔还极其重视产品的全球化推广。2018 年 4 月，海尔在北京推出全空间保鲜冰箱以及海外款时尚水吧冰箱。水吧冰箱是针对全球客户的储鲜需求而设计的，采取全球同步发售和共享的方式，致力于为国内外客户提供高品质的西式生活体验，也拉开了冰箱行业全球竞争的新格局。

核心优势是企业布局海外市场，进行优势再塑的前提。企业在经营过程中，要能够识别出自身不同于竞争对手的外在表现，如品牌声誉、产品形象、售后服务、产品迭代速度等，进而分辨出自身具备的核心资源和战略性资产，并对其进行充分利用，最终成功开拓海外市场。

优势再塑

基于对目标国的目标客户和制度与环境的分析，企业需要不断地验证一些假设：能否直接复制核心优势？如何最大化地利用自身已有优势？如何在目标国的制度与环境中重新塑造新的优势？企业可以通过寻求这些假设的答案，深度剖析优势再塑的环境基础和条件。

优势再塑的关键在于企业需要将自身优势融入目标国的制度与环境。跨国企业的优势再塑是一种"优势复制＋本土化动态调整"的组合策略。优势复制需要考虑两方面问题：一是复制什么，二是如何复制。

对于复制什么，产品品类规划和供应链运营是多数零售企业优势复制的核心要素。产品品类规划决定了卖什么产品、定价多少的问题。企业需要结合目标国的制度与环境进行产品品类规划。特斯拉进驻中国市场后，正因忽视了这一点而吃了不少苦头。特斯拉成立于 2003 年，是美国新能源汽车制造商。作为著名的新能源汽车品牌，特斯拉在进驻中国市场时，完全复制了美国市场的成功商业模式，然而却以失败告终。由于高昂的产品定价,特斯拉将年轻客户这一消费主力拒之门外,其目标受众狭窄,未能集聚稳定的忠实客户群体。再者,特斯拉不了解中国国情,遇到了充电桩配置难题——特斯拉汽车的推广和销售受到了充电桩配置难题的较大影响。2018 年 5 月 10 日,特斯拉(上海)有限公司正式成立。对这家独资企业而言,如果不能真正融入中国市场,不能解决突出的本土化问题,那么其前行道路必将困难重重。

除了产品品类规划外,供应链运营是企业优势复制的另一核心要素,主要体现为企业是使用自己原有的供应链还是加入目标国合作伙伴的供应链体系。中粮从一家聚焦于粮油食品加工与生产的本土国有企业,发展成为集农产品贸易、物流、加工和粮油食品生产、销售为一体的国际化大粮商,这得益于其加入了全球供应链体系。中粮先在国内成功构建了集生产、加工、仓储、物流、分销于一体的供应链体系,后又积极响应国家"加快农业走出去"的号召,成功并购荷兰粮商尼德拉集团和中国香港来宝农业,拉开了国际化序幕。在延续已有供应链优势的同时,中粮充分利用两家企业的供应链,将其国际生产采购平台与自己现有的国内物流运输、加工中心和销售网络结合起来,为自身供应链向全球延伸打下了坚实基础。中粮还通过这次并购,在巴西、阿根廷等世界粮食核心区获得了仓储、物流设施等资源,重塑了覆盖全球的粮油产业布局。自此,中粮构建起了立足国内的全球供应链体系。

　　对于如何复制，企业需要充分考虑目标国的管理、政治、文化、经济等因素。适当地采取本土化战略，不失为优势复制的好方法。在管理方面，中国企业应充分遵守当地法律。企业应增强法律意识，运用法律武器保护自身的合法权益。在开展具体的投资活动之前，企业应了解可能存在的经营风险和汇率风险，咨询本地律师和相关人员，做到未雨绸缪。企业要尤为关注技术专利方面的法律法规，避免因此带来的不良影响。2014年12月，小米在进驻印度市场时身陷专利侵权案，并被禁止在印度市场制造、推广、销售以及进口涉嫌侵犯 Ericsson（爱立信）专利的相关产品。除此之外，越来越多的国家开始重视生态环境保护，因此相关的生态环保法律法规也是企业不容忽视的法律因素。企业还需要处理好与当地工会和员工的关系。企业进驻海外市场后，应严格遵守当地员工雇用、社会保障等方面的规定，妥善处理与当地工会的关系，尽可能雇用本地员工，减少劳资纠纷和经济损失。关于如何处理与工会之间的关系的问题，不同企业交出了不同的答卷。企业进驻美国市场后，自然少不了要与美国强大的工会组织打交道。同样是汽车制造商，日本丰田和德国大众在处理与美国工会关系时采取了两种不同的方式，且都达到了预期效果。丰田通过支付员工高工资的方式，成功化解了与工会之间的矛盾，保障了员工权益，为自身、员工以及工会构建了融洽的关系；大众在美国中西部建立工厂后，全面了解了美国的劳动法，主动要求员工建立工会，避免与美国最大的工会组织——全美汽车工人联合会产生冲突。

在政治方面，企业既要学会规避政治风险，又要兼顾多方力量，积极维护与当地政府部门、相关权力机构以及监督机构的良好关系。华为、小米、格力等行业翘楚深谙此道。格力的全名为珠海格力电器股份有限公司，它成立于 1989 年，是一家专注于空调产品的大型电器制造商。自 1998 年起，格力迈向了海外市场，发力巴西、阿根廷等南美市场。在巴西，格力与当地各级政府建立了良好关系。在格力的巴西生产基地奠基剪彩仪式上，巴西亚马孙州州长等政府要员出席剪彩仪式，并代表巴西政府表达了对格力的大力支持。目前，格力已经成为巴西家喻户晓的第二大空调品牌。小米进驻印度手机市场后，积极维护与政府的良好关系。一方面，小米积极配合印度政府实施"印度制造""数字印度"战略，在印度先后开设多家工厂，推行本土化生产；另一方面，雷军作为小米的领导者，积极扮演企业"外交者"角色，与印度总理莫迪进行了会面，赢得了总理对小米的重视，为小米之后的发展打下良好基础。

在文化方面，企业应尊重当地居民的文化习俗，还要承担必要的社会责任。进驻目标市场后，企业应深入了解目标国的社会传统、文化背景，应熟悉并尊重当地的风俗习惯和宗教信仰。除了维护好与当地居民之间的关系，企业还要重视与合作伙伴之间的商业关系，如商务社交礼仪在工作往来中具有举足轻重的作用。以联想进驻印度市场为例，尽管女性在印度社会中备受歧视，但联想对印度的女性员工一视同仁，为她们创造了大量的就业机会，彰显了跨国企业的人文关怀和社会责任感。

在经济方面，企业应充分了解行业环境及相关政策，明确目标国的经济发展程度、行业整体技术水平等，进而迎合目标市场需求。福耀集团进驻欧美汽车玻璃市场后，因仍采用在国内成功推行的商业模式而一败涂地。20 世纪 90 年代，由于不了解美国市场，福耀集团的玻璃利润被美国经销商层层剥削，亏损高达千万美元。此外，福耀集团在美国成功建厂生产前，曾两次出征失利。在第三次出征前，福耀集团聘请专业咨询公司对美国市场进行调研，充分了解当地产业行情，并对其产业发展进行推演和预测。这种做法不仅立即转变了福耀集团的亏损状况，还使其获得了更高的收益。

福耀集团的"工会之战"

福耀集团于 1987 年在中国福州注册成立，是一家专业生产汽车安全玻璃和工业技术玻璃的中外合资企业。福耀集团虽为国内最具规模的汽车玻璃生产供应商，却在进驻美国市场后，吃了不少苦头。福耀集团在 2017 年年初投资 10 亿美元建厂时，曾遭遇全美汽车工人联合会发起的激烈工会运动，投诉、罚款接踵而至。这一度使福耀集团深陷困境，发展举步维艰。

美国工会被视作工人的合法代表，工会的主要职责就是为员工的福利、薪资以及工作环境与企业进行谈判。工会也是工人罢工、游行的支持力量。除此之外，工会暴力行为也时有发生。2017 年，美国全国劳工关系研究所的统计数据显示，在过去的 20 年中，仅被曝光的工会暴力事件多达 8 800 起，更别说尚未被媒体揭露的事件。其中，全美汽车工人联合会是全美最大的汽车工人联合会。而美国的汽车城底特律的衰败，在很大程度上与全美汽车工人联合会有关。在该工会的组织下，通用电气的员工先后多次罢工，给企业带来了巨额损失。同样，该工会也是福耀集团进驻美国市场的最大阻碍。从福耀集团进驻美国市场、雇用美国本土员工开始，双方就展开了漫长的拉锯战。

2016 年，福耀集团在美国俄亥俄州建立莫雷恩工厂。之后，全美汽车工人联合会要求在莫雷恩工厂成立工会的分支机构。针对这一问题，双方争执不下。全美汽车工人联合会甚至在工厂旁边开设了专门办公室，以说服工厂里的本地员工加入工会。在工会的影响下，2017 年 4 月，福耀集团被迫为美国员工上调 2 美元时薪。同年 11 月，全美汽车工人联合会发起了"莫雷恩工厂是否应该成立工会"的投票，全厂共 1 498 名员工参与投票。最后，大多数员工投了否决票。尽管福耀集团在与全美汽车工人联合会的这场工会之战中取得了胜利,但福耀集团也为此付出了高昂的费用。

再来看投票结果,"支持建立工会"为 441 票,"反对建立工会"为 868 票,无效票为 3 票,另有 186 票的有效性有待商榷。其中,支持票数占比 29.3%,表明仍有不少员工对当前工作环境不满,同时期待享受工会带来的福利。这些支持票也侧面反映了福耀集团在美国的一系列管理问题,如克扣员工报酬、加班频次高以及内部奖惩机制不合理、存在官僚主义等,而这些客观存在的问题不会随着这场工人之战的胜利而消失,福耀集团需继续探索前行之路。

合作伙伴很关键

为了在目标国更好地重塑优势,企业需要从利益相关者的角度出发,明确合作目标、对象和方式,建立新的合作关系。考量利益相关者之间的关系,能够帮助企业思考如何因地制宜地融入目标国的制度与环境。不同于国内市场,海外市场中的利益相关者呈现出多元的价值观。企业在开拓海外市场时,要充分意识到利益相关者所扮演的角色,明确自己的利益相关者以及利益相关者的重要性,进而寻找到重要合作伙伴。

R. 爱德华·弗里曼在《战略管理：利益相关者方法》一书中首次提出了"利益相关者"的概念："宣称在某一企业里享有一种或多种利益关系的个体或群体。"弗里曼在书中系统阐述了利益相关者理论。这一理论强调管理者应关注各方利益的综合平衡，企业应关注利益相关者的整体利益而非某一或某些个体的利益。对企业而言，要想获得长期发展，需要坚持全球化与本土化相结合的战略，考虑所有利益相关者的需求，进而实现共赢。

利益相关者主要包括企业内部的股东、管理人员、员工以及企业外部的债权人、客户、供应商、零售商等，同时还包括竞争对手、政府、相关行业机构、社会活动团体（如环保机构）、社区、一般公众以及媒体等。基于不同的划分方法，利益相关者有不同的类型，如直接利益相关者和间接利益相关者、契约型利益相关者和公众型利益相关者等。

企业内部的股东、管理人员以及员工可进一步被归类到组织层面，关乎企业内部的运营与发展。其中，股东和管理人员具有较高权力，可参与企业的战略决策、投资管理等相关事宜。股东的目标当然是追求自身利益最大化，但利益兼顾并非一定会损害到股东的利益，反之，满足所有利益相关者需求的同时，股东也能获得利益。再来看员工，基层雇员是构成企业组织的主体，也是企业发展要依赖的智力资本。尤其是在企业的国际化进程中，员工构成更加多元化，种族、文化的差异必然会带来员工间的矛盾与冲突。员工关系对企业的短期绩效以及长期发展影响深远。国内一些企业进驻非洲市场后，普遍面临的一个问题就是与当地政府的关系良好，但在处理本土员工关系时却屡屡碰壁。较之国内员工，非洲员工的文化水平普遍偏低，工作态度相对懒散，工作效率相对偏低。因此，企业应深入基层真正解决这一问题，否则必然会影响企业的进一步发展。

债权人、客户、供应商、零售商、竞争对手、政府是企业外部的利益相关者。企业需要明确的是，合作与竞争都是战略运作的手段，其出发点和目的都是盈利。因此，竞争对手也可以成为企业的合作伙伴。竞争对手包括所有影响企业盈利的实体与机构，如供应商、零售商、替代者、互补者、政府以及其他第三方机构等。供应商、零售商与企业之间存在利益争夺关系，如果它们能共同将蛋糕做大，那么各自的利益所得也会增多，而关键就在于它们能否从利益争夺走向合作共赢。

例如，小米手机除了在印度建厂以外，还和供应商富士康合资建厂，便于富士康更好地供给零件。为了改变中国的业绩颓势，星巴克开始探索新的零售模式。2018 年 8 月 2 日，星巴克和全球最大的零售交易平台阿里巴巴达成战略合作，双方将共同打造星巴克线上新零售智慧门店，星巴克还将依托阿里巴巴旗下的饿了么平台，为客户提供外送服务。双方将围绕国内消费体验升级，共创新的消费模式，实现共赢。除此之外，客户关系管理也至关重要。从本土客户的需求出发，立足于客户的消费习惯和行为，致力于为客户提供优质的产品和服务，是企业占领市场的不二法门。沃尔玛进驻海外市场后，忽略了客户关系管理的重要性，进而在处理与利益相关者之间的关系时屡屡碰壁。例如，沃尔玛限制中国客户选择支付方式，导致与客户之间的关系一度陷入紧张。

在企业的国际化进程中，目标国政府起到了重要作用。政府与企业的合作方式有战略联盟、供应链上下游以及行业横向合资、双边或多边合作等。目标国政府对企业的支持能够为企业进驻目标市场提供捷径，如获得优惠待遇、获得品牌影响力和声誉、实现运营成本的节约。此外，国际知名企业也是不容错过的合作伙伴。通过收购、战略联盟、合资等方式，企业可以将这些知名企业的优势为我所用，以达到事半功倍的效果。2018 年 7 月 23 日，美的中央空调作为全球暖通行业领导者，在第 13 届全国政府采购监管峰会上一举斩获"政府采购十五年高品质空调首选供应商"的奖项。当天，美的还与霍尼韦尔达成了战略合作，双方将携手深耕新领域。霍尼韦尔的品牌实力和国际影响力无疑将助力美的创造更大的创新空间及商业价值。

社会活动团体（如环保机构）、社区、一般公众以及媒体也在一定程度上影响着企业的国际化进程。星巴克主张可持续发展和环境保护，并与保护国际联合开发了可持续发展项目。2016 年，星巴克与保护国际在墨西哥瓦哈卡共同投资建立了一个咖啡生产的新项目。该项目为农民提供节水、植物管理系统更新等一系列服务，解决了当地气候条件不佳、缺乏市场准入、贫穷等难题，使农民能够持续种植咖啡并从中获利。星巴克的这一举措实现了自身、供应商（农场主）以及环境的共赢，进而奠定了其在咖啡行业的领先地位。当企业将履行社会责任提升到战略高度时，其与目标国合作伙伴之间的距离也会被迅速拉近。

如何处理子母公司关系

需要强调的是，此处的"子公司"不是指一般含义上的海外分部，而是泛指企业在国际化进程中除母公司之外新设立的所有机构。子母公司关系可大致分为以下三种：一是子公司无决策权，完全听从母公司的决策；二是子公司由母公司和当地公司共同经营，有部分决策权；三是子公司有独立的决策权。当这三种子母公司关系与企业的国际化战略相结合时，三者间的管理方式就会有差异。例如，当母公司的性质为国际化组织时，母公司对子公司的管理主要借助管理计划和控制系统；当母公司是采取多元化战略的企业时，其对子公司的管理主要借助金融手段以及非正式关系；当母公司为全球化企业时，母公司会在全球范围内整合资源和信息，推行统一决策；当母公司为跨国企业时，子公司具有相对独立权，有自己的产品、人力、信息以及知识等资源。

当子公司完全听从母公司的决策时，双方的关系为完全隶属关系。子公司的传统定位为科层范式，它强调子公司与母公司之间存在隶属关系，子公司作为母公司的一个分支机构，受制于母公司，母公司通过资源配置对子公司进行控制。这种子母公司关系如同一把双刃剑，使沃尔玛一度失意于日本市场。沃尔玛进驻日本市场后，直接复制美国市场的成功商业模式，对旗下子公司西友百货采取严格管控措施，意在对其进行全面改造。沃尔玛于 2004 年裁减西友百货总部 25% 的员工，共 1 500 人。这引发了西友百货的员工强烈的抵触情绪以及客户对西友百货的反感，产生了一系列社会负面效应，严重影响了西友百货在日本市场的发展。但反过来看，这种子母公司关系使母公司能够大刀阔斧地对子公司进行全面改造，大大提升了母公司的整合能力。但如何把握整合的度，仍是跨国并购中需要解决的一大难题。

随着企业实现国际化的难度加大，母公司开始赋予子公司更多的决策权，子母公司关系逐渐转向母公司和子公司共同决策或子公司独立决策。这个变化诠释了"将在外，君命有所不受"的军事逻辑。除此之外，国际化程度加深使子公司数量不断增多，覆盖范围也不断扩展，子公司的定位逐渐从科层范式向网络范式发展。与科层范式不同，网络范式的核心在于搭建全球价值网络，从而在全球范围内实现子母公司、各子公司之间的协同效应。这一范式对子母公司均做出了要求：一方面，母公司要注重合理分权，给予子公司特定的管理权限；另一方面，子公司要充分发挥积极性，快速融入目标国的制度与环境。母公司掌握的目标国的信息总是滞后于子公司的，所以一定程度的放权是更好实现本土化的必要条件。

惠普最初给予新加坡子公司的定位只是一个分支机构。惠普的新加坡子公司最初只生产基本的元器件，随后，该工厂的种种创新举措让惠普开始愿意为其分配更多的研发任务。1996年，新加坡子公司接受了为日本市场重新设计喷墨打印机的任务，研发工程师们的极高的创新能力让新打印机赢得了日本市场的青睐。之后，惠普调整了新加坡子公司的发展定位，将其逐步转变成研发中心。2017年，惠普计划在5年内投资2亿美元，支持新加坡子公司的科研工作。这种子母公司间的互惠合作，能够将成果反哺到母公司在其他国家的分支机构，实现全球共赢。

当子母公司存在巨大文化差异或子母公司的管理模式难以相融时，充分放权、赋予子公司独立决策权是许多企业不得不选择的一种应对方式。2010年3月，吉利集团以18亿美元全资并购福特旗下品牌沃尔沃。实践证明，并购沃尔沃让吉利获得了技术与品牌的协同效应红利。尽管如此，中西文化差异使得双方在企业文化和管理模式上存在巨大差距，吉利对沃尔沃的管理存在重重困难。因此，吉利调整了子母公司管理策略。首先，在品牌管理方面，吉利仍坚持"吉利是吉利，沃尔沃是沃尔沃"的品牌理念，赋予沃尔沃品牌自主权；为继续维护其高端品牌形象，吉利保留了沃尔沃原先的营销渠道和经营平台。其次，在人员整合方面，沃尔沃的管理总部和研发总部仍然留在哥德堡，并继续由沃尔沃的原管理层团队进行管理。

对于国际化的合资企业，子母公司关系会变得更加复杂，这其中涉及所有权和管理权的分离，放权的程度以及方式，等等。以制药企业西安杨森为例，该企业作为强生的制药子公司，受制于强生母公司的管理，同时还需要听命于国内总公司。对于西安杨森，外国母公司和母国母公司犹如双重大山，如何处理与两者之间的关系是西安杨森面临的难题。此外，对共同出资建立子公司的双方企业而言，如何经营好该合资企业，也是值得探究的问题。出资双方之间以何种关系相处，关乎子公司的生死存亡，日本丰田和美国通用的合资建厂就很好地揭示了这个道理。

丰田汽车的出国之旅

丰田汽车是一家总部设在日本的汽车制造企业。2016 年，该公司在《财富》世界 500 强中排名第 8，在"全球 100 大最有价值的品牌"中位居第 5。2018 年上半年，美国汽车市场最畅销 10 大轿车中的第 1 名即为丰田旗下品牌（见表 7–1）。

表 7-1　2018 年上半年美国最畅销 10 大轿车

车型	销量（辆）	排名
丰田凯美瑞	178 795	1
本田思域	176 242	2
丰田卡罗拉	161 462	3
本田雅阁	138 290	4
日产 Altima（美版天籁）	123 792	5
日产 Sentra（美版轩逸）	115 676	6
现代伊兰特	99 728	7
福特 Fusion（美版蒙迪欧）	86 978	8
雪佛兰科鲁兹	77 691	9
雪佛兰迈锐宝	76 417	10

数据来源：环球网

　　为了进驻美国汽车市场，丰田与通用共同出资在美国加利福尼亚州创办了 NUMMI 工厂，双方各持有该工厂一半的股份。工厂于 1984 年开始投产，主要生产通用的庞蒂亚克以及丰田的卡罗拉、塔库玛车型。2010 年 3 月，该工厂关闭，双方长达 25 年的合资项目宣告失败。尽管合作以落寞收场，但丰田却充分挖掘并利用了合作优势，学到了不少通用的技术和经验，对美国汽车市场的行业发展和需求状况也更为熟悉，为其后续在全球汽车行业的竞争中取胜打下坚实基础。1988 年起，丰田在美国陆续独资建厂，并将从合资工厂学到的一切经验应用其中，开始了真正的美国之旅。

　　反观通用，其选择与丰田合资建厂的初衷是学习丰田的"精益生产"方式以及现场管理经验。但受制于底特律三巨头（通用、福特和克莱斯勒）的傲慢自大的企业文化，通用仅仅学到了皮毛。曾有美国媒体将双方合作称为通用的"引狼入室"，最后通用却未能"与狼共舞"，从这种合作关系中受益极少。

2018 年 3 月，丰田和马自达共同宣布各出资 16 亿美元在美国成立马自达丰田制造公司，双方持股比例为 1∶1。值得一提的是，这两家企业曾在墨西哥合资建立了一家工厂。马自达选择与丰田合作，看中的或许是丰田独有的 TNGA（丰田开创的全新的"造车理念"）架构。原因在于该架构能够提高零件、引擎的共用程度，大幅降低制造成本，弥补马自达在模块化平台的缺陷。相似的情景，不一样的合作伙伴，这家美国子公司的前路如何，有待观瞻。

除了合资共建子公司外，丰田和通用还是汽车行业的竞争对手。它们之间的关系是竞合关系——既竞争又合作，竞争与合作同时存在。随着全球化与互联网信息技术的发展，竞争不再是同行业企业间仅有的状态，越来越多的竞争企业出于市场扩张或技术学习，会在某一领域上寻求合作。双方在合作领域上共享知识、技能等资源，而在合作领域之外继续保持竞争关系。不论是竞争，还是合作，这些都是企业实现组织目标、获取利益最大化的方式。处理好与对方企业的竞合关系，需要企业不断通过实践调整战略。以亚马逊和网飞为例，它们作为竞争对手都聚焦于网络视频，但这并不妨碍它们进行深度合作。网飞将整个技术框架搭建在 AWS（亚马逊中国云服务）的平台上，它是 AWS 最大的客户之一，亚马逊会为网飞竭尽所能地提供技术支持。

到这里，本书对再塑成功模块的 4 个要素均做了简要介绍，相信读者已有所了解。需要再次指出的是，我们一直强调且主张的是成功再塑，而非复制。国际化使企业面对更为复杂的市场环境、更为多元的资源以及更为灵活的经营战略，而目标国的文化、管理、地理、经济因素均是制约企业再塑成功的客观因素。如前面章节所述，在国际化环境中，提倡多元化、可塑性的新 5P 战略模型必然会取代明茨伯格的 5P 战略模型。成功的国际化企业需要多元化的立体观念，在保留自身独特文化的基础上，重视文化、思维与目标国的融入与创新，同时还应具备因地制宜的动态战略发展能力，根据外部环境和需求不断调整原有发展定位。企业只有结合自身核心优势，选择重要合作伙伴并构建合作网络，处理好子母公司关系，以适度放权代替独断，以竞合代替竞争，才有可能重塑竞争优势，取得新的成功。

第 8 章
盈利模式

本章将详细介绍国际战略画布的第三个重要模块——盈利模式（见图 8-1）。国际化企业的盈利模式更为丰富，比如，通过企业内部市场转移成本，或通过套利增加收入来源。国际化企业也会面临更多的风险，如外汇风险。该模块包括两个要素，

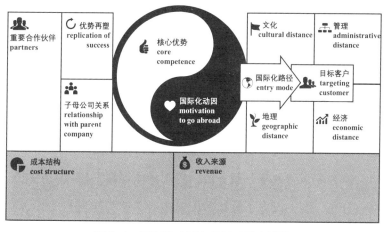

图 8-1　国际战略画布的盈利模式模块

分别为收入来源和成本结构。

盈利模式包括按照利益相关者划分的企业的收入结构、成本结构以及相应的目标利润。盈利模式的核心在于对企业生产经营过程中的价值要素进行识别和管理，以使盈利机会最大化。它是对整个经营环节进行剖析，从而探寻企业利润来源以及成本构成的方法。盈利模式围绕"盈利"一词展开。从会计学角度来看，盈利一般用收入与成本的差额来表示，其实质为企业的经营利润；从管理学角度来看，除了经营利润以外，企业盈利还包括广义上的隐形"营收"，如品牌知名度和影响力的提升、企业竞争力的增强、客户长远关系的建立等。

对跨国企业而言，3A 战略是其创造价值、实现盈利的根本方式。3A 是指顺应（Adaptation）、整合（Aggregation）和套利（Arbitrage）。顺应战略意在发挥企业的主动性，通过自我调整应对目标市场与本国市场之间的差异，适应本土需求。换句话说，顺应战略就是本土化战略。肯德基在中国市场推出符合国内客户口味的油条单品，正是践行了这一战略。整合战略，即企业跨越不同国家与市场之间的鸿沟，克服差异，取得规模经济和范畴经济。同为餐饮行业的跨国领先企业，麦当劳采取了整合战略。麦当劳与夏晖集团合作，在冷链物流上采取整合战略。作为麦当劳的唯一服务商，夏晖集团根据麦当劳在中国的网点分布，统一设立了分拨和配送中心，并为麦当劳提供一站式综合冷链物流服务（涵盖商品运输、仓储以及库存控制、商品质量把控等关键环节），为麦当劳节省了一笔巨额开销。套利战略是指利用不同国家与市场之间的差异赚取差价和利润（如在一个国家以低价买进某一产品或服务，转而在另一个国家以高价卖出）。被称为"垃圾皇后"的张茵，最早发觉了国内纸张市场需求巨大且原材料匮乏，于是，她抓住了市场先机，开始拓展回收业务，先后在美国、内地创办多家制造厂，依靠回收发达国家的废纸并转卖给国内而一举创立了玖龙纸业，使其成为国内造纸巨头。

在 3A 战略的框架之下，企业的盈利模式可被进一步细分。当企业走出去的目的在于寻求国外更为广阔的市场时，关系服务、客户解决方案以及个性挖掘等以客户为核心的模式是其不二之选。其中，关系服务模式的关键在于与客户建立长期、稳定的关系，发挥客户价值，并为企业创造利润；客户解决方案模式的关键在于为客户提供一揽子解决方案，帮助客户排忧解难，从而获得客户的忠诚度，进而实现利润目标；个性挖掘模式仍旧从客户出发，围绕其已有需求和潜在需求，设计并销售个性化产品，从而快速占领市场，抢占未来先机。例如，小米为印度客户提供了更迎合其喜好的应用系统和软件主题，吸引客户使用，这正是个性挖掘模式的应用实例。除此之外，成本占优、速度领先等模式则是企业凭借成本、差异化等优势迅速占领目标市场，并不断创新和突破，获取超额利润的模式。

收入来源

收入来源，即收入的类型或渠道。了解收入来源前，我们先要明确收入的含义。收入与企业经营活动密不可分，主要指企业的日常经营活动中形成的、导致所有者权益增加、与所有者投入资本无关的经济利益的总流入。清楚何种活动或业务能够为企业带来收入，就相当于清楚企业的收入来源。对国际化企业而言，收入来源是其开辟市场、调整战略的参考要素。判断一个市场是否有发展前途，企业可在扣除成本的情况下，结合自身的核心优势、目标市场的潜力等因素，对收入来源进行预估与分析，从而大致了解市场的规模和潜力，决定是否走国际化道路，或调整发展战略。

企业在分析收入来源时，既要看数量，又要看质量。看数量是指要看所有的收入类型，分析所有能在目标国获得收入的渠道，尽可能开源；看质量则是指看主要收入来源的规模如何，其是否能让企业盈利。

处于不同行业的企业，其收入来源的形式也不相同。总体而言，收入来源主要有以下几种形式。一是销售产品获得的营业收入，比如销售手机、化妆品、家电等实体商品获得的收入。当企业品牌具有一定的影响力时，围绕品牌进行周边产品的销售也是企业的收入来源之一。例如，小米围绕手机推出的移动电源、耳机等功能性周边产品，以及纪念 T 恤、玩偶等娱乐性周边产品，均为其营收做出了不小的贡献。二是提供服务获得的营业收入，通过服务供给的类型、次数以及时间长短等形式获得的收入，比如酒店行业按入住天数收取费用。除此之外，互联网行业还衍生出服务收入的新形式——内容收入。内容收入是指通过提供网络视频、品牌游戏、社交媒体内容和品牌移动内容等服务获得的收入。例如，国内相继涌现出的微信、微博、知乎等社交媒体，正是凭借内容收入不断做强做大。三是广告收入，除传统广告收入外，互联网的发展令广告形式更加多样，如阿里巴巴的 B2B（企业对企业）业务通过为企业搭建服务贸易平台，获得了插页广告、横幅广告、付费关键词搜索等收入。四是租赁收入，企业因将某资产租赁给承租方而获得收入。五是授权收入，企业将自己拥有的受保护的知识产权授权给他人使用，并从中收取授权费用。此外，按企业经营业务不同，收入来源又可以分为主营业务收入来源和其他业务收入来源。这种收入来源的划分方式，既能明确收入的具体来源，也能帮助企业评判业务质量的良莠。甚至有新的初创企业以创业投资的融资作为收入来源，这就是 to VC（风险投资）模式。

在国际化经营的背景下，收入来源更具多样化。当企业采取顺应战略即本土化战略时，其收入来源呈多样性，原因在于企业会根据目标国的制度与环境调整商业模式，而在这个过程中，会涌现出新的收入来源和利益增长点。以海尔为例，该企业将冰箱推向美国市场时，并未复制国内的商业模式，而是根据美国客户的特点，调整了冰箱的体积，推出小型冰箱，因而赢得了客户的认可。与原有冰箱相比，小型冰箱作为一种新型产品，能让企业的收入增长，是企业的新盈利点。日本的 7–11、罗森等便利店进驻中国市场时，为了实现盈利，它们纷纷采取了本土化战略。2013 年，罗森在重庆店面推出了小面，满足了重庆人民在早餐必吃一碗小面的饮食需求。这种小面的配方是产品负责人在重庆本地众多小面配料里精挑细选出来的，相关数据表明，一家便利店每天能够卖出至少 200 碗小面，同时还拉动了店铺里饮用水的销售。除此之外，罗森还迎合了重庆人偏爱辣椒的饮食口味，推出了关东煮、辣味熟食等一系列主打产品。这些不同于日本本地的产品组合，为便利店带来了可观的利润收入。

当企业采取整合战略时，规模经济和范畴经济的优势为其创造了收入来源。通过规模生产，企业能够充分整合并利用各种资源，以确保产品规格的标准化。在这个过程中，规模生产带来的原材料单位成本下降、人力资源成本精简均可看作收入节流。在整合战略的众多实践中，微软属于一个极端案例。早期微软为了降低成本，只开发了一种操作系统，并在全球进行推广，全球的客户要想使用这种系统，就只能适应它的统一标准。统一标准与大规模客户的完美组合，为微软带来了巨大的利益，打造了微软经久不衰的传奇。

而当企业选择套利战略时，其收入来源集中在套利所得。

不同于借助外汇市场的汇率波动赚取利润，这种套利主要指实物上的套利。举个简单的例子，美国和中国在饮食习惯上有很大差异，美国人不喜欢鸡爪、猪头、鲤鱼、鸭脖等食物，而这些食物在中国市场上就很受欢迎。2017 年英国《金融时报》发布的相关数据表明，美国人一年对鸡的需求量多达 90 亿只，而剩余的鸡脚则可以出口到中国市场。在这个过程中，当企业在美国市场低价购入鸡脚，之后高价卖给中国市场——摇身一变成凤爪，就可以从中赚取差价，获得利润。

如果将套利战略与目标国的 CAGE 距离模型进行组合，我们就能发现更多有趣的收入来源。在文化制度下，企业或个人可以借助文化差异赚取利润。上海迪士尼、印度瑜伽、麦当劳、肯德基，都是利用文化差异获得利益。在地理和经济制度下，企业开始放眼全球，尽可能以最低的成本获取最好的资源。例如，随着中国人工成本的上升，耐克、苹果等品牌开始将代工厂转向印度等非洲国家，以寻求低廉的劳动力资源。而在管理制度下，企业的套利战略主要体现在跨市场的制度套利。例如，国内越来越多的新兴互联网企业选择在国内开展业务，并到海外上市，除了规避一系列监管之外，其主要目的是利用两个市场之间的巨大估值差价获得套利空间，阿里巴巴和拼多多是典型代表。

除上述收入来源的形式外，国际化企业还有其独特的收入来源。其一，技术转移也成为企业获得利润的重要手段，技术输出方总希望在技术转移的过程中全部收回或部分收回成本；其二，响应国家政策的企业享有税收补贴、税收减免、税收返还等优惠政策，减轻了企业的负担。

成本结构

成本结构有两层含义，一是指产品或服务中的各项支出所占的比例，二是指总成本占收入的比例。按成本类型划分，成本结构包括人力资源成本、原材料成本、设备设施成本、技术研发成本、能源成本、土地成本等。而按成本对象划分，成本结构包括不同产品或服务所占用的成本，如小米的手机业务成本、互联网业务成本等。值得一提的是，国际化使成本结构多样化。

首先，在人力资源成本方面，国际化必然涉及人才的全球化问题。越来越多的企业不惜砸重金聘请符合条件的全球技术人才和管理人才，人力资源成本在成本结构中所占比例呈上升趋势。华为进驻海外市场后，一方面注重吸引全球技术人才和管理人才；另一方面充分发挥本土人才优势，聘请当地优秀的人才加入高管团队，并为营销和渠道部门雇用了更多的本地员工。同时，华为对员工的管理也遵循属地原则，这在一定程度上增加了人力资源成本。2017 年 7 月，富士康投资了 100 亿美元，在美国建立了液晶显示屏工厂。工厂所在地为美国的威斯康星州，该地区员工的平均年薪不低于 5.4 万美元，富士康无疑需要负担极高的人力资源成本。

富士康的转型之路

1974 年成立于中国台湾肇基的富士康被称为"OEM 之王"，该企业凭借快速客户响应、价格低廉以及品质保证，成为联想、惠普、苹果、微软等知名品牌的代工厂。

1988 年，富士康进驻中国大陆市场，在深圳建立了第一家离岸制造工厂——富士康龙华基地。凭借中国丰富的劳动力资源，龙华基地一度成为富士康在全世界最大的生产制造工厂，为多家知名企业代工生产电脑、汽车配件以及摄像机、音乐播放器、电视等产品。

当中国的人力资源成本开始增加时，过分依赖劳动力资源的富士康也受到了市场冲击。之后，为了寻求更为廉价的劳动力，富士康继续开拓海外市场，先后涉足印度、巴西、捷克、日本等国家的市场，也成功进驻美国市场。

互联网行业的快速发展以及对品牌附加值的追求让富士康不得不思考企业未来的发展方向，特别是富士康正处于由 OEM 向 ODM 转型的关键时期。富士康开始向"微笑曲线"的两端延伸，以期打造自身在研发、制造与组装方面的优势，从而获取更高的利润。围绕这一新目标，富士康采取了一系列措施。2013 年，富士康大量裁员，同时将原有代工制造业向东南亚国家转移，由简单的代工生产向研发设计转型。

富士康在笔记本的 ODM 市场上依然活跃。2016 年，富士康生产了首款华为笔记本产品 MateBook。2018 年，富士康举办了首届实体经济与数字经济融合发展高峰论坛。在这次论坛上，富士康对自身做了重新定位——由传统的代工工厂、设计制造商向工业互联网平台提供商转变。30 多年的行业经验、核心技术研发能力和不断完善的互联网体系，为富士康的转型发展奠定了坚实基础。

除了人力资源成本以外，企业的成本结构的核心部分集中在生产、加工、储存、物流以及销售五大模块，如原材料采购和加工、产品研发、技术创新、仓储物流与贸易（运输、存储、分销、推广、销售）以及售后追溯与服务等。企业进驻目标市场后，不得不面对原产地规则、优惠国待遇等一系列规章制度。企业对这些政策和法规的熟悉程度影响着企业的生产成本。此外，目标国的关税政策调整也会对一些零部件的购买、代工和组装的成本产生影响。以美国汽车行业为例，由于美国政府调整了钢铁、铝等产品的关税政策，给美国福特汽车带来了巨大的冲击。对制造汽车的原材料加征关税，使福特汽车的整体价格有所提升，造成福特汽车在海外市场尤其是中国市场的销售量持续下降的局面。2018 年第二季度，福特汽车的营业收入为389 亿美元，同比下降 2%，净利润同比下降了 48%。除此之外，美国还对进口汽车加征关税，这给包括丰田在内的汽车出口商带来了巨大的损失，实为损人不利己之举。

在当前的技术和客户需求不断更新的形势之下，研发布局关乎企业的成败。建立全球研发中心，充分利用全球资源，成为越来越多企业选择的国际化路径。例如，德国赢创工业集团为了塑造自身核心优势，巩固自身在特种化学品领域的全球领先地位，不断优化研发布局，并在新加坡建立了第一座研发中心，意在为全球客户提供具有创新性和前瞻性的系统解决方案。在这里，不得不提的一个国家就是以色列。以色列被称为"创新的国度"，它除了有很多初创企业外，还是国际著名企业的研发中心集聚地。微软、戴尔、苹果、英特尔、华为等企业均在以色列建立了研发中心，为国际化布局添砖加瓦。

除此之外，国际化企业的成本结构还需要考虑因外汇波动而产生的成本。外汇风险也称汇率风险，是指在经济活动中，因汇率波动而可能为企业带来损失的风险。外汇风险可分为经济风险、交易风险以及折算风险。其中，经济风险是指汇率波动对企业的生产经营所造成的损失，如汇率波动引起的产品成本上升、价格上涨，进而使产品销售量骤减、利润受损；交易风险主要表现为企业在进行资本投资或转出时，由于汇率波动而可能引起的损失。当汇率发生波动时，境外投资或贸易越频繁，企业蒙受损失的可能性就越大，从而变相造成经营成本增加。例如，2014 年俄罗斯卢布的急剧贬值，导致吉利汽车的汇兑损失高达 8 亿元。

此处需要强调的是，政治风险有时也会带来外汇风险。以委内瑞拉为例，该国家的市场目前正在经历严重通货膨胀，汇率波动较大。这个拥有丰富的石油、天然气以及煤炭等不可再生资源的国家，之所以处于这一窘境，是因为委内瑞拉政府采取了一些不当举措。委内瑞拉前总统查韦斯上台执政后，为赢得底层民众支持，主张"劫富济贫"，一系列举措使政府收入和国家资源不断减少。而为了化解这种不良后果，政府又开始疯狂印制钞票，超发的货币造成了市场通货膨胀，货币贬值严重。自 2018 年以来，作为中东第一经济大国的土耳其的货币里拉对美元的兑换汇率一直处于下跌状态。2018 年 7 月，里拉对人民币的汇率也暴跌了 30 个百分点。这种汇率波动所带来的套利空间极富吸引力。听到消息的中国人纷纷开始行动，期待能够借助土耳其货币贬值的机会，横扫奢侈品市场。反过来，对土耳其本地的奢侈品零售商来说，汇率波动所带来的利润损失意味着成本增加。

此外，关税提升、关税征收品类增加等贸易保护政策的变动，也会使企业的成本结构发生改变。美国对中国的高科技产品（生物医药产品、农机设备、新能源汽车、航空产品等）加征关税，而这些增加的关税在无形中增加了企业的生产和交易成本，无疑给企业增加了压力。

再具体来看 3A 战略框架下企业的成本结构。当企业采取顺应战略时，企业会在目标市场采取新商业模式或推出新的产品组合，而这种创新就会带来成本变动。如企业对其经营的产品进行本土化调整时，由于缺乏技术或经验，企业需要在研发方面加大投入，采购新的原材料，或者雇用新的技术人才，这些都会让成本增加。宜家在深入中国市场时就面临因本土化发展而产生的人才缺口问题。宜家在中国市场的实体店越开越多，可却无法在短时间内大量获得既熟悉运营又懂得国内市场的员工。宜家在招聘员工时，从企业发展的目标出发提出了严苛的招聘标准：一是员工必须具有很强的责任感，能获得顾客的信任；二是员工愿意从点滴小事做起，有环保意识。这两条招聘标准无疑又增加了招聘的难度。在招聘到符合标准的员工后，宜家要支付员工薪酬，这又增加了宜家的运营成本。为了更深入推进本土化战略，许多企业会选择在目标国建立子公司或直接投资建厂。美国企业在开拓中国、印度等发展中国家的市场时，除了需要负担投资建厂的巨额成本外，往往还需要重新设计生产线以及产品类型，这些都为企业带来了成本压力。

当企业采取整合战略时，尽管企业能够通过规模经济和范畴经济获利，但其对资源的整合过程是成本和利润的混合控制点。以麦当劳为例，麦当劳通过整合战略在中国建立了完善的供应链体系，而为了实现供应链的一流服务能力，麦当劳与其供应商为供应系统投入了将近 5 亿元。供应商也是决定麦当劳的经营成本高低的关键所在。麦当劳与夏晖集团已经合作了 30 余年。在合作过程中，夏晖集团的供应能力、技术创新以及发展空间等因素都会影响麦当劳的经营成本。

当企业选择套利战略时，市场的差异性也会导致成本增加。在文化制度下，企业尽管可以享受文化红利，但在这一过程中也需要付出不小的成本。如一个外国人千里迢迢来到中国从事外教工作，不可否认，这个外教能够在国内获得可观的工作收入，但在担任外教期间，他需要在中国常住，生活开销也是一种成本。

全球城市的生活成本排名

随着经济全球化的深入发展，越来越多的企业加入国际化布局行列。对跨国企业而言，全球人才布局成为其国际化战略极为重要的组成部分。尽管全球人才能够最大化发挥人才优势，使企业获得收益，但当人才派遣成为不可避免的趋势时，外派人员管理（如薪酬待遇管理）成为企业必须关注的问题之一。员工是否接受国际派遣，一定程度上受目标国的政治环境、物价水平等因素影响。其中，外派生活成本在外派人员管理成本中占有很大比例。分析不同国家或地区的外派生活成本，对企业开拓海外市场、制定员工的薪酬待遇标准具有一定的参考意义。

Mercer（美世咨询）对全球五大洲375个城市的生活成本做了调查，调查了交通、饮食、服装、住房以及娱乐等200多个生活成本项目，最后对209个主要城市的生活成本进行排名。根据Mercer整理的2018年主要城市的生活成本排名数据，我们能发现一些有趣的现象。表8-1列出了生活成本排名前十的城市，其中中国香港已成为全球生活成本最高的城市，日本东京和瑞士苏黎世分别位居第二和第三，第四名则为新加坡。不难发现，除了苏黎世外，生活成本最高的五个国家中有四个分布在亚洲地区。在前十名中，上海排名第七，北京排名第九。除此之外，深圳和广州分别排在第十二名和第十五名。国内城市的排名上升，也侧面反映了中国经济水平的不断提升。

不同于亚洲地区较为集中的高生活成本城市分布，美国主要城市的排名有所下降，这是受欧洲经济回稳、美元汇率的影响。其中，纽约的排名为第十三名，较之2017年下降四个名次，旧金山、洛杉矶、芝加哥和华盛顿等城市的排名降幅也较大，分别为第二十八名、第三十五名、第五十二名和第五十六名。

表 8-1　2018 年主要城市的生活成本排名

排名	城市 / 国家
1	香港 / 中国
2	东京 / 日本
3	苏黎世 / 瑞士
4	新加坡 / 新加坡
5	首尔 / 韩国
6	罗安达 / 安哥拉
7	上海 / 中国
8	恩贾梅纳 / 乍得
9	北京 / 中国
10	伯尔尼 / 瑞士

数据来源：Mercer's 2018 Cost of Living Survey

以在美国上市的中国企业为例，尽管阿里巴巴、拼多多选择在美国上市以实现估值获利，但它们上市后需要接受美国相关部门的监管，需要遵守美国的相关制度，这会增加它们的内部管理成本和产品生产营销成本。成本还会受政策影响。以小米进驻印度市场为例，2018 年 4 月，印度政府开始调整税收政策，对手机的组件和整机的关税都进行了一定幅度的提升，其中组件征收 10% 的基本关税，整机征收 20% 的基本关税。这一税收政策的变化无疑加大了小米的生产制造成本。为了维持低成本优势，小米改变了国际化战略，实施在印度投资建厂的本土化战略。

目标国的地理距离也是令成本增加的因素。例如，对外贸企业和跨境电商而言，除了产品采购成本、销售成本之外，其国际物流成本也在总成本中占据了很大比例。国际物流成本具体包括运输成本、仓储成本和物流管理成本，其中，运输成本在国际物流成本中的占比最高，因此，以何种方式运输在一定程度上影响着企业的成本结构，进而影响企业的利润空间和市场竞争力。运输方式的选择很大一部分受制于目标国和母国之间的地理距离。地理距离不同，运输方式自然有所不同。一边是国内依赖物流运输的跨境电商的飞速发展，一边是高昂的物流成本亟待解决，这种发展困境为国内快递企业开辟海外业务提供了契机，顺丰、中通、圆通等主流快递企业先后开辟了海外物流业务，以期服务于跨境电商并从中分得红利。以顺丰为例，该企业是国内最早布局海外市场的快递企业之一。2017 年，顺丰的快递业务已覆盖日本、韩国、美国、德国等 53 个国家。针对欧盟市场，顺丰推出欧洲专递服务，始发地和目的地贯通欧盟 26 个主要国家，运输时间仅需 5~8 个工作日；针对美国市场，顺丰于 2017 年 9 月和 UPS（联合包裹）合资成立子公司，联合推出全新快递产品"SF-UPS 直运 +"。这款产品的一大优势就是性价比较高，实现了高时效运转。

同样，企业为了追求最优资源、最低产品价格，就不得不承担因政策、汇率的变化而带来的成本增加的风险。同时，对跨国企业而言，因目标市场与母国市场的种种差异，通过成立子公司来管理目标市场成为企业的必然选择。此时，管理成本、人力资源成本就会有所增加。以沃尔玛为例，其全球采购战略为套利战略。沃尔玛通过在中国等主要市场采购产品，将优质低价的产品在全球范围内进行销售并从中获利。为此，沃尔玛在全球不同国家设立了子公司，子公司负责采购产品的质检、运输以及事务管理等事宜。管理子公司的业务、寻找合适的产品与供应商都需要企业付出时间成本。除此之外，对企业而言，缴纳所得税必然影响其利润所得，从广义来看，所得税也属于成本范畴。纵观全球各个地区，欧洲地区的企业所得税平均税率最低，非洲地区和南美洲地区则相对最高。美国企业缴纳的所得税规模位居世界第四，税率高达38.91%。这些数据可为企业的国际化布局提供参考性依据。

表8-2对3A战略框架下企业的成本与收入特征进行了简要总结。从成本角度来看，企业采取顺应战略所需支付的成本相对较高，而企业在套利战略下付出的成本则相对较低。从收入角度来看，顺应战略能够增加企业收入来源的多样性，整合战略则通过规模经济和范畴经济为企业带来规模性收入，企业在套利战略下的收入和成本均具有投机性与风险性。

表 8-2　3A 战略框架下企业的成本与收入特征

	顺应战略	整合战略	套利战略
成本	较高	中等	较低
收入	多样性	规模性	投机性

　　相较于国际化驱动模块和再塑成功模块，盈利模式模块是企业实施国际化战略的成果校验和结果所在。国际化赋予了成本结构和收入来源的多样性、复杂性的特征。在不同的国际化战略下，由于企业的目标客户、国际化动因以及国际化路径不同，其商业模式和组织结构也会不同，因而其成本结构和收入来源也各有差异。这种差异性一方面体现在成本和收入的构成种类上，另一方面则体现在成本结构与收入来源的高低程度上。跨国企业在国际化进程中实施灵活、可塑的战略时，因目标国和母国的制度与环境不同，会出现新的收入来源或成本增长点。企业要做的就是站在宏观层面，在新 5P 战略模型的指导下，充分发挥国际化驱动模块和再塑成功模块的作用，解决成本和收入这一对固有矛盾，进而助力国际化布局，实现利益最大化。

第三部分　国际化没有想象中那么难

第 9 章
手机西游：小米在印度

　　小米"为发烧而生"的产品理念，为其赢得了一大拨忠实的粉丝，小米手机也成为行业标杆。本章讲述的就是小米运用国际战略画布和新 5P 战略模型深耕海外市场，并在海外市场取得成功的故事。

　　我们首先对小米的发展历程进行一个简单的回顾：2011 年 7 月，小米凭借互联网营销模式及低价策略迅速进驻手机市场，并在 2014 年、2015 年的中国手机市场独占鳌头。同时，2014 年 7 月开始，小米成功进驻印度市场，以闪购模式及超高的性价比在中低端手机市场赢得了客户青睐。然而不幸的是，同年 12 月，小米深陷专利侵权案件，其产品禁止在印度制造、推广、销售。2015 年，小米市场规模的扩大使其供应链的弊端凸显，闪购模式频遭质疑，大量客户流失。与此同时，国内 OPPO（欧珀）、VIVO（维沃）、华为等手机品牌的发展势如破竹，这又对小米造成重创，其互联网营销模式进入缓慢发展阶段。小米手机销量在 2016 年出现近 30% 的跌幅。屋漏偏逢连夜雨。2018年 4 月，印度政府宣布对进口智能组件征收 10% 的基本关税，手机整机关税则由 15% 提高至 20%，这一政策调整导致小米手机的制造成本飙升。面对这样的困境，小米如何重新布局印度市场，打一场漂亮的翻身仗？下面我们就对国际战略画布和新5P 战略模型如何助力小米"西游"展开论述。

国际战略画布助力小米"西游"

小米"西游"的国际化驱动

为什么要国际化？怎样实现国际化？这是小米在走出去的过程中无法回避的两个问题，因此我们主要围绕国际化动因、目标客户、目标国的制度与环境和国际化路径 4 个要素，分析小米为什么要国际化，国际化可以带来哪些好处以及怎样通过国际化实现盈利，等等。于是我们要思考以下问题：小米的目标客户是谁？小米进驻的目标国的制度与环境怎么样？与企业发展契合度高不高？小米要以怎样的国际化路径进驻目标市场才能实现成本最小化、利润最大化？

小米为何"西游"——国际化动因

据相关数据显示，2017 年中国智能手机市场整体出货量首次出现下跌，与 2016 年相比，跌幅为 4%。随着各大手机品牌持续发力，截至 2017 年年底，国内智能手机品牌商由 2016 年的 200 余家减至 120 余家，国内手机市场的竞争越发残酷。小米面临国内市场的激烈竞争与海外市场的层层限制，要想实现企业的可持续发展，只得另辟蹊径，将目光投向海外，以海外旺盛的市场需求解决国内市场因饱和而导致的购买力不足的问题。因此，海外旺盛的市场需求便是小米走出去的国际化动因。而印度凭借其自身人口红利、快速增长的经济总量、稳定的政治环境和良好的政策支持，成为小米的国际化战略中不可或缺的一部分。印度市场与国内市场的相似性、智能手机的低渗透率也为小米手机以"低性价比"进驻印度市场并获得收益奠定了基础。

除此之外，在经济全球化时代，走出去开始成为越来越多中国企业的目标，"一带一路"倡议的深入推进也加速了企业的国际化进程。于是，小米快速调整发展战略，将国际化战略上升到核心战略。2014 年，小米开始发力海外市场，印度成为其重点开拓的市场。小米的招股书显示，2017 年 12 月底，小米的印度子公司的总资产为 58.705 亿元，营业收入为 204.823 亿元（占其国际业务的总营收的比例较大），这些数据也初步表明小米布局印度市场的科学性。

小米"西游"为了谁——目标客户

印度智能手机市场存在近 5 亿客户空白，小米紧抓这一契机，在进驻印度市场伊始，就将目标客户聚焦于低收入群体。印度人大多偏好价格低的商品，选择智能手机时，他们更关注售价为 5 000~15 000 卢比（折合人民币为 470~1 410 元）的机型。小米投其所好，将手机售价控制在 5 000~20 000 卢比（折合人民币为 470~1 880 元）。印度客户对价格的敏感性与国内客户的相似性较高，这使小米的低价策略有了用武之地。

除了低收入群体外，印度年轻客户也是小米极为关注的目标客户。这一群体追求新鲜、时尚和社交成就感，小米以此为突破口，采用饥饿营销战略营造购买声势，并搭建社交媒体，实现客户高度参与，在年轻客户中树立了独特的品牌形象，赢得了广泛认可。

小米是否适合"西游"——目标国的制度与环境

目标客户确定后，企业需要对目标国的制度与环境进行剖析，以判断在该市场长期发展的可能性。

文化环境。作为四大文明古国之一，印度文化具有多样性和包容性的特点，它对所有外来文化均采取兼容并蓄的态度。印度作为一个多民族、多宗教的国家，其文化特点表现在以下几个方面。

印度有丰富的节日文化。由于宗教众多，印度的节日种类也很丰富。这些节日是各大零售商提升销售量的绝佳时机。传统节日和购物季的结合，为零售商们推广品牌、吸引客户创造了良好的氛围。在印度的独立日、排灯节这两大传统节日期间，印度人民就迎来了全年最长的购物季，购物季的持续时间长达半个月。

印度有独特的核心价值观。种姓制度让印度人的等级观念根深蒂固。种姓制度也对印度人的商业行为有着深远影响，他们认为组织应设置一定的等级，且也会坚决维护集体荣誉，建设良好的人际交往关系。轮回思想也影响着印度人对待时间的态度，许多印度人认为时间是可循环的，发展机会蕴含在循环过程中。

印度有慢节奏的生活方式。不同于中国人"今日事今日毕"的高效作风，印度人的生活是慢节奏的。如果这种慢节奏反映在工作中，就表现为员工工作效率较低。印度员工的作息时间不同于中国，上班时间较之国内晚两个小时，这种慢节奏的生活方式也给国际化企业的员工管理工作带来了挑战。

印度有强大的工会管理力量。印度的非政府组织的规模十分庞大，除了全印度工会大会、印度工会中心等全国性质的工会组织外，工厂也有工会组织。这些组织并非流于形式，而是给予了工人实际的保护。它们具有极强的协调和管理能力，对印度的政治、经济发展产生了深远影响。同时，印度在工作时长方面，有很多苛刻的法律法规。这些法律法规会对工人每天、每周甚至每季度的工作时长进行限定。印度在工作签证方面也有严格把控，连外国的一些技术型人才也很难在印度申请到工作签证，这就最大限度地保障了本地员工的就业机会。印度的企业在很多情况下甚至无法解雇员工，这些法律法规无疑增加了小米管理印度工厂员工的难度和成本。

管理环境。印度的政治环境稳定，政府为国外企业进驻印度市场提供了一系列政策支持。2014 年印度总理莫迪上任后，印度政府开始全面推行改革，提出"印度制造""数字印度"战略，大力发展制造业和互联网行业，这些利好政策都为小米在印度推行本土化生产打下了坚实基础。小米自 2014 年 7 月进驻印度市场以来，始终积极配合印度政府实施各种战略，以获取更多政策优惠。

尽管印度政府对外商投资准入的行业进行了限制，但印度政府却极力鼓励生产电子产品的外资企业进驻印度市场。此外，一些与民生相关的重要行业也开始对外资企业逐步放开。在优惠待遇方面，生产电子产品的外资企业能够享受印度政府提供的优惠政策，如出口优惠、地区优惠以及特殊经济区优惠等。除此之外，印度政府也在积极探索吸引外资的方法，尝试放宽外商投资准入的限制，改变外商投资的审批程序，如印度通过自主渠道对国外制造业的企业进行审批，大大简化了审批程序。同时，外商在印度生产的产品可以在印度市场自由交易，无须印度政府审批。

印度原有的税种纷繁复杂，联邦、邦和地方三级课税制度复杂、混乱，这在无形中增加了外资企业的税收负担。为了鼓励本土化生产，印度进行了税收制度改革。2018 年 4 月，印度政府宣布对进口智能手机组件征收 10% 的基本关税，同时手机整机的关税也提高至 20%，其核心目的在于推动印度手机的本土化生产，从而带动国内的经济发展。针对这一改革，小米果断调整发展战略，开始加大本土化生产力度，以便维持低成本的竞争优势。小米的本土化战略涉及生产、营销和管理多个方面。如小米在印度建立工厂，组装生产手机成品；设立多家线下小米之家、小米服务中心，为客户购买小米产品以及享受售后服务提供保障；雇用印度本地员工（从管理者到基层员工），保证印度本地员工在总员工中占据较大比例；成立本土人才设计团队，为本土化战略发展服务。

另外，印度政府极其重视对生态环境的保护，已经形成了复杂、严格的环境保护法律体系。除了印度政府，印度也有很多公益环保组织，它们积极履行环保的监督职责。小米在印度投资建厂时，也非常注重保护生态环境。

地理环境。印度位于亚洲南部，共有 7 个陆上邻国，东、西两面临海，大部分地区属于热带季风气候。独特的地理环境对印度的工业布局和贸易运输均产生了一定影响。从工业布局来看，印度工业集中度较高，呈点状分布，目前形成了五大工业区，每个工业区都有自己的特色行业。2018 年，小米新建的三家工厂主要分布在印度的各工业园区内，小米可以从各工业园区自身的区位优势和资源优势中受益。

从贸易运输来看，印度整体地势平坦，地形以高原、平原为主，公路和铁路的密度、长度均位居世界前列，有利于小米解决一系列供应链问题。

经济环境。印度自独立以来，一直致力于民族经济的发展，经济发展速度明显加快。有研究机构预测，到 2050 年，印度将发展成为全球第一大经济体。在制造业方面，印度政府通过推行"印度制造"战略，不断推动制造业的发展，在带来充足就业机会的同时，也为经济发展提供了支撑。同时，印度的互联网行业发展迅猛，信息化建设扎实推进。相关机构分析，借助于云计算、移动互联网等信息技术，印度每年能够增加 5 500亿~10 000 亿美元的经济价值。

此外，印度政府开始逐步放松对外贸和外资的管制，放开了国内市场。印度高度重视与中国的贸易关系，在"一带一路"倡议下，2017 年中印的贸易额达到 844 亿美元，增幅近 20%。除此之外，印度经济增长的主要动力源于个人消费。公务员、军人、国企员工、教师和科研人员，是印度的主要消费力量。同时，相较于发达国家较低的经济收入，印度客户对产品溢价的认可度并不高，产品的性价比是印度客户最为关注的因素之一。

小米"西游"的路线——国际化路径

小米在印度市场推行的商业模式经历了从出口、直接投资再到战略合作的模式转变。2014 年 7 月，小米与印度最大的电商网站 Flipkart 合作，将出口至印度的手机在该电商网站售卖。随着发展规模的不断扩大以及印度税收制度的改革，小米的国际化战略开始由"轻资产"向"重投入"转变。2015—2018 年，小米先后与富士康合作建立 3 家手机工厂，与印度本土企业合作设立 1 家移动电源工厂。小米还计划与富士康合作，在印度建立首个 PCB 板组装的表面贴装工厂。

除此之外，小米不断加大线下渠道的投资建设，已在线下设立了 40 家小米之家、500 家小米服务中心、2 家呼叫中心以及 3 家专门的维修工厂。小米一直积极寻求与印度本土企业的合作。截至 2018 年 3 月，小米与顺为资本共同发力，投资了 10 个发展势头良好的项目，如印度版微信 ShareChat、大学生分期支付平台 KrazyBee 等。

小米"西游"的再塑成功

这一步是小米进驻印度市场的核心步骤，包括核心优势、优势再塑、重要合作伙伴以及子母公司关系。也就是说，这一步解答了小米如何运用核心优势打造成功的商业模式、如何确定合作伙伴、如何管理印度子公司等问题。

小米为何能取到真经——核心优势

小米首先认清了自身的核心优势。互联网营销模式以及客户高度参与是小米与其他企业的不同之处。小米手机自推出以来就采用互联网营销模式，通过饥饿营销战略，既能营造刺激客户购买产品的紧张氛围，增加产品销售量，同时也能营造品牌声势，有利于品牌在客户群体中的推广。这种互联网营销模式省去了中间环节，能为企业带来巨大的成本优势，使小米手机具备超高的性价比。小米的品牌理念是"为发烧而生"，它通过建立线上社区，拥有了强大的客户群体。"米粉"们能在线上社区进行意见反馈，参与手机生产制造的全过程。这种良性互动有利于企业与客户之间建立深厚的情感联系，也在无形中增加了客户对小米品牌的认可度，客户因获得了参与感而自发传播。除了超高性价比和互联网营销模式外，小米的核心优势还在于持续的科技创新。小米基于安卓系统深度优化、定制、开发的 MIUI（米柚）系统，具有人性化、流畅性的操作特点。同时，小米借助线上社区收集的客户意见，不断优化升级 MIUI 系统，通过技术更新更好地满足客户需求。

同时，小米也在不断引入技术、夯实核心竞争力。小米于 2013 年年底开始加大芯片的研发投入，并于 2017 年 2 月成功发布松果处理器，成为继苹果、三星、华为之后的第四家拥有自主研发手机芯片的手机厂商。此外，小米受到了专利诉讼案的启发，不断加大专利申请力度，并与微软、诺基亚签署了专利交叉授权协议。数据显示，2018 年年初，小米在全球的专利申请总量超过 24 000 件，为其实施国际化战略提供了强有力的支持。小米还和商汤、百度、搜狗等企业开展深度合作，充分利用这些企业的技术优势，提升品牌竞争力。

小米的成功秘诀——优势再塑

小米在最初进驻印度市场时，成功复制了自身的核心优势——利用互联网营销模式带来的成本优势，为印度客户提供高性价比的产品。同时，为了巩固价格优势，小米实施了本土化战略，先后在印度建立了多家手机工厂，以进一步降低生产成本，提升价格竞争力。此外，小米考虑到印度线上手机销售份额占比不高的现状，开始注重线下实体店销售，通过与大型零售商、精选合作商店的合作，积极布局线下销售网络。

2015 年，小米在班加罗尔成立了研发中心，以期借助自身的核心优势进行本土化创新，进而实现优势再塑。在软件系统设计和开发方面，小米也更加趋向于迎合印度客户的喜好，如开发以板球比赛为主题的手机游戏、提供多样化的 MIUI 主题等。

小米的"取经搭档"——重要合作伙伴

重要合作伙伴在小米进驻印度市场的过程中扮演着重要角色，是小米迅速攻破印度市场的关键。

小米进驻印度市场的初期，选择了印度最大的电商网站 Flipkart 作为重要合作伙伴，并借助 Flipkart 的知名度和线上销售平台进行品牌推广。之后，小米积极拓展线下销售渠道，与本土零售商达成战略合作，如智能机零售商 Big C Mobiles、Poorvika Mobiles 以及小型家庭商店、精选合作商店等。小米与富士康的合作为整个手机供应链的运营提供了技术支撑。除了富士康外，小米还与其核心供应商智慧海派在多个领域保持合作，共同拓展手机、移动电源等业务。小米在印度建立了移动电源工厂，双方将合作生产充电宝，这标志着双方合作更进一步。

小米在 2015 年进行 C 轮融资时，首次接受来自印度的资本投资，即塔塔集团的投资。塔塔集团是印度商业巨头，其商业运营涉及多个领域，如通信、能源、汽车等。该集团名誉董事长拉坦·塔塔强大的印度商业影响力，为小米赢得了印度政府的政策支持以及印度本地企业的互助合作。除此之外，小米积极寻求战略投资伙伴，参与投资了印度版微信 ShareChat、大学生分期支付平台 KrazyBee 等项目，意图将国内的商业模式逐步复制到印度。小米成功进驻印度市场，与印度政府的支持紧密相关。小米积极响应印度政府的号召，并充分发挥了一把手外交的重要作用——雷军于 2018 年 3 月 27 日与印度总理莫迪成功会面。莫迪总理强调了小米的国际化进程与印度的国家发展战略高度匹配，并对小米赞赏有加。同时，莫迪总理还提及小米未来可能遇到的困难，表现出对小米的关心与重视。

小米"西游"的新挑战——子母公司关系

子母公司关系在一定程度上决定了企业的国际化发展是否持久，许多跨国企业都因未能有效管理子公司以及未能真正融入目标国环境而以失败告终。小米对印度子公司、手机工厂、线下实体店的管理，更倾向于实施印度本土化战略。比如，小米在印度的子公司的员工有近400人，由印度人马努·库马尔·贾恩担任高管，他负责小米在印度的各项业务。在小米的其他工厂中，印度本地员工超过1万人，各工厂只配有一位中方负责人，承担各项对接工作。

实施本土化战略的优势自不必说，但是我们不能忽视印度子公司是否存在脱离母公司的风险这一问题，尤其是当小米对印度子公司的放权范围越来越大的时候。放权过大，本土化程度高，就会面临脱离风险；放权过小，自主化程度低，就会打击印度子公司的发展积极性，这个度需要小米好好把握。

小米"西游"的盈利模式

一个实施国际化战略的企业的盈利模式，包括成本结构和收入来源两个要素。从成本和收入的角度出发，分析企业的盈利模式，即业务涉及哪些成本、怎样获得收入等，可以探究企业持续发展的内在机理。

四年来，国际化为小米带来了可观收入。中国存托凭证招股书的相关数据显示，2017年小米在海外市场的收入为320.81

亿元，同比增长了 250%，占公司总收入的 36.24%。截至 2018年 3 月 31 日，小米的印度子公司的总资产为 57.29 亿元，净资产为 4.9 亿元。

小米取经的代价——成本结构

我们首先来看小米手机业务的成本结构。小米手机业务产生的成本主要集中在制造、物流销售和售后服务阶段，具体包括：手机零部件购买、代工以及组装、物流成本，线上平台运维成本、产品推广成本，MIUI 等软件服务开发、更新成本，线下小米之家、服务中心等实体建设和运营成本，售后服务成本以及公司的人力资源（研发团队、外包人员等）成本等。

小米的成功得益于对成本的有效控制。小米手机采用的是低成本的集成化处理器，与其他手机相比，不需要从不同的供应商那里购买不同的零配件，一定程度上节约了采购和供应链成本，也为小米手机的低售价提供了成本支持。但是，随着印度关税制度的调整，零部件购买、代工和组装的成本都受到了影响。为了进一步控制成本，小米加快了与富士康在印度本土合作的步伐，合资建厂力度增大，以应对关税带来的手机显性成本增加的问题。

除了手机业务产生的成本以外，整个成本结构中还包括因汇率波动而带来的隐性成本。尽管印度的相关外汇管理办法提到，外商可以将在印度获得的收入转移至母国，但在实际操作中，印度政府却对资本流动设置了严格的规则和程序限定。当汇率发生波动时，境外投资或贸易越频繁，企业蒙受损失的可能性就会越大，从而变相导致经营成本增加。例如，2014 年俄罗斯卢布急剧贬值，导致吉利汽车汇兑损失金额高达 8 亿元。自莫迪总理上台以来，印度卢比汇率基本稳定，但也不排除汇率大幅波动的风险。因此，小米需要时刻关注汇率，探究适宜的风险对冲方式，使汇率对成本的影响最小化。

小米对技术和营销的追求决定了其对高质量人力资本的需求，人力资源成本的比重也因此不断增大。小米始终坚持"一流人才、一流待遇、一流贡献"，并在全球范围内寻找优秀人才。对于基层员工，小米严格遵守印度的最低工资制度，给予员工加班费、津贴补助。印度的劳动法及其他相关法律规定：印度各行业工人的最低月工资为 1.8 万卢比（印度政府讨论通过的工资标准），本地员工每季度加班时间不能超过 50 个小时且加班费须为正常工资的两倍；在工作满 240 天后，员工每工作20 天就可以享有一天的带薪年假。小米目前在印度的员工已超过 1 万人，这些用工制度和标准无形中增加了小米的人力资源成本。

小米取经的"化缘地"——收入来源

小米的收入来源主要集中在智能手机业务，其核心业务收入具体包括以下几个方面：智能手机产品销售收入（硬件利润），手机硬件维修收入，期货营销下的资本增值收入以及周边配件产品（如耳机、移动电源、小米手环、蓝牙音箱）、生活方式类产品（如枕头、电动牙刷、背包、运动鞋）和粉丝定制产品（如纪念 T 恤、走珠笔）收入等。

其中，期货营销下的资本增值是小米独具特色的收入来源，因为小米在互联网营销模式的基础上采取了预售策略。举例来说，在饥饿营销模式下，小米手机更像是一种期货。从客户预付款到真正收到手机期间，正是小米实现资本增值的大好时机。

除了手机产品外，小米也开始充分利用品牌影响力，不断加大周边产品的研发力度，为印度"米粉"推出多款纪念 T 恤、走珠笔、玩偶等，这些产品的定价略高于同类产品，逐渐成为小米的重要收入来源之一。小米还在官方商城以及 App 上推出多种生活方式类产品，如电动牙刷、背包、运动鞋、自行车等，它们获得了客户的青睐。这些周边产品利用无线互联，为小米构建了一个完善的生态系统，让使用小米手机的客户能享受小米全方位的产品与服务，便捷地联入整个小米生态。这种以小米手机为平台、扩展产品种类和服务范围的平台包抄战略，不仅使小米的"蛋糕"越做越大——业务收入不再局限于手机销售收入，还能让小米经得起残酷的价格战。在手机固件上失去的收入，可以通过周边产品的溢价弥补回来，可谓"失之东隅，收之桑榆"。

除此之外，小米的互联网增值服务（如聊天、游戏等）的收入也开始在总收入中占据较大比例。2018 年 5 月，小米在印度推出小米音乐和小米视频，通过提供互联网增值服务来改善智能手机客户的服务体验，同时开辟新的收入来源。

新 5P 战略模型助小米布局海外市场

我们通过国际战略画布可以很好地了解小米如何在印度市场再塑成功。而国际战略画布的各个模块之间的内在逻辑可以用新 5P 战略模型来表示。

团队的重要性——由关注计划到以人为本

小米意识到了人在国际化进程中的关键作用，从管理层到基层员工，小米不断加强本土化比例；重新审视印度客户的消费习惯，并通过他们喜闻乐见的方式进行产品营销。印度著名电子商务网站 Jabong 前联合创始人马努·库马尔·贾恩成功挂帅，担任小米印度子公司的高管。贾恩有丰富的本土化经营经验、大胆的创新意识以及高超的社交手段。凭借个人魅力和形象，他成功拉近了小米与客户的距离，甚至有些客户认为小米就是印度本土品牌。

助人者，天助之——由侧重谋划到重视合作伙伴

小米深谙伙伴关系的重要性，对合作伙伴可谓精挑细选，线上线下双布局。小米进驻印度市场后，因自建渠道的影响力

不足而迅速调整策略，选定了印度最大电商网站 Flipkart 作为营销推广伙伴，成功打开了线上市场，创下了 2016 年印度排灯节期间"18 天售出 100 万台手机"的销售纪录。之后，小米转战线下合作，积极拓展与本土零售商的战略合作，Big C Mobiles、Poorvika Mobiles、Sangeetha Mobiles 等印度客户耳熟能详的大型零售店均成为其线下分销伙伴。在印度南部地区，有 700 多家大型零售店都在销售红米手机；在印度北部地区，小米的合作伙伴则换成小型家庭商店。小米针对不同城市采取了分销渠道策略。

告别套路，用预测给明天希望——由照搬模式到强调预测

小米在印度并非完全照搬国内的商业模式，而是从印度本地的经济状况以及客户的基本诉求出发，主推几款性价比较高的机型（如红米 Note3、红米 3S、红米 Note4、红米 4A、红米 Note5、红米 5A 等）；手机硬件和 MIUI 系统也采取本地定制的策略，甚至采用了"印度之米"的广告语，是真正为印度市场量身打造的"印度版小米"。如小米在印度推出了配有大容量电池的 4i 手机，以应对印度很多地区电力供应不稳定的问题。

唯一不变的是一切都在变——由保持一贯定位到增强可塑性

印度互联网发展缓慢以及客户更倾向于线下购物的现状，决定了小米并不适合采用国内的商业模式。于是，小米开始进行战略转型和定位调整，通过大型零售店、精选合作商店以及自营的小米之家，积极拓展线下业务。其中，精选合作商店是小米在印度最具创新性的扩张战略。精选合作商店是小米在不同商圈选择的销售多个品牌产品的零售店。这些零售店会在店铺门口挂上醒目的小米 logo（商标）。除了获得小米的供货外，这些零售店还可以继续销售其他品牌的手机。截至 2019 年上半年，小米已搭建 5 000 多家精选合作商店，借助这些零售店已有的销售网络，小米形成了极强的线下零售张力。

兼容并蓄，广传福音——由秉承传统观念到兼容多元文化

小米在保留自身独特文化的基础上，高度重视与目标国的文化融合。目前小米在印度子公司的总部拥有 400 多个员工，为了不与印度人缓慢的生活和工作节奏相冲突，小米既不设立销量目标，也不设立绩效考核指标，最大化地为员工营造轻松的工作氛围。也是出于该原因，小米在聘用高层管理人员时，以印度本土人才为主，通过本土化管理来平衡员工们在工作理念上的冲突。

此外，小米还通过大力推进本土化生产，为受歧视的印度女性群体创造了丰富的就业机会。截至 2018 年年底，小米在印度的手机工厂数量增至 6 家，现有工厂雇用员工超过 1 万个，其中 95% 以上的员工均是女性，所有组装工作都由女性员工来完成，这展现了小米的人文关怀精神。

第 10 章
蛇吞象：吉利并购沃尔沃

吉利集团创建于 1986 年，从生产电冰箱零件起步，发展到生产电冰箱、电冰柜、建筑装潢材料与摩托车，并于 1997 年正式进驻汽车市场。经过 13 年的努力与拼搏，吉利于 2010 年成功并购沃尔沃，成为汽车界的"华为"、中国人的骄傲，其董事长李书福也被誉为"中国的亨利·福特"。然而，李书福是如何从一个放牛娃成为中国民营造车第一人，吉利又是如何从一个连造车证都拿不到、一文不名的小企业成长为中国汽车领军企业的，以及除了坚毅、团结、不服输的特质外，吉利的商业模式是否能够成为我国企业走出去的可复制模板，是否能够为更多的企业提供战略指导与借鉴，这些正是本章所要探究的问题。下面我们就利用国际战略画布这一工具与新 5P 战略模型来解析吉利的国际化道路。

国际战略画布助力吉利"蛇吞象"

吉利"蛇吞象"的国际化驱动

为 1% 的机遇付出 99% 的汗水——国际化动因

国际化动因相当于汽车的引擎，是企业走出去最核心的动力。因此，我们首先对吉利的国际化动因进行分析。吉利的首席执行官安聪慧提出，吉利的目标从来就不只是国内市场，吉利要想成为汽车领域的先驱，走上国际化道路是不二之选。可见，国际化道路是吉利的必经之路。此外，汽车领域是一个特殊领域——汽车企业即使不主动走出去，也会被动地进驻海外市场。所以，积极主动地实现国际化才是汽车企业的长久发展之道。这也是为什么吉利始终保持初心，坚持"合规"制度体制的发展，迎接机遇到来的原因。以吉利并购沃尔沃为例，我们可以发现，吉利的国际化动因主要由以下几点构成。

第一，市场。在金融危机的背景下，中国经济并未受太多影响，仍保持高速发展，客户购买力依然强劲，这使中国成为全球最大的汽车消费市场。吉利借此契机并购沃尔沃，极大地提升了自身产品的技术含量，从而打造了更广泛的品牌影响力及国际知名度，赢得了更大的市场。

第二，技术。李书福提到，吉利并购沃尔沃之后，发现沃尔沃在自动化技术方面甚至比宝马汽车还先进。沃尔沃的技术与口碑为吉利的发展提供了保障，帮助吉利逐渐与世界接轨，提升了吉利的核心竞争力。

第三，品牌。由于吉利最初的发展战略是以低价占领市场，因此，客户将吉利定义为低端品牌。而吉利对沃尔沃的并购是其跨越品牌发展瓶颈的一个极为有效的战略。沃尔沃的安全性在汽车领域有口皆碑，沃尔沃的汽车备受客户青睐。吉利并购沃尔沃必然会引发联动效应，从而也可以实现吉利覆盖中高端、中低端市场的目标。

最后，受国家供给侧结构性改革政策的驱动，汽车企业应顺应改革趋势，提升产品的质量和品牌的核心竞争力，打造真正的中国好产品，让"中国智造"通行天下。因此，吉利必须走出去，并与世界接轨，学习和吸收世界优秀汽车企业的技术知识和管理理念，并融会贯通，为自身品牌发展增添动力，最终实现跨越式发展。

追求性价比——目标客户

在并购沃尔沃之前，吉利的目标客户为中低收入群体。但随着不断发展，特别是成功并购澳大利亚的变速箱企业 DSI 之后，吉利获得了发动机、变速箱核心部件的制造技术，极大地提高了自动变速器的研发与生产能力。在实现对沃尔沃这一豪华汽车品牌的成功并购后，吉利采取了两个品牌各自保持独立性的品牌发展战略，并基于原有市场定位，重新将目标市场划分为豪华高端市场和中低端市场。随后，经过多年的技术互通，吉利与沃尔沃于 2017 年 8 月成立了合资企业领克。由于领克的目标市场为中高端市场，因此吉利形成了低、中、高端汽车市场全方位布局的差异化品牌发展战略。此外，吉利积极响应国家提出的供给侧结构性改革的号召，全力打造可以走向世界的中国自主品牌。安聪慧在吉利领克 01 发布会上表示，吉利要想真正提高国际竞争力，进驻发达国家汽车市场是必然选择，仅占领国内市场和欠发达国家市场是远远不够的。吉利的目标是打造国际化的中国自主品牌，实现低、中、高端汽车市场的全覆盖。

吉利对 CAGE 距离模型的运用——目标国的制度与环境

在企业的国际化进程中，目标国的制度与环境几乎影响着企业投入、研发、生产、销售的每一个环节。而导致企业走出去失败的因素是，企业对目标国的文化环境、管理环境、地理环境和经济环境缺乏深入了解，对困难和问题的分析和解决也多基于固化思维，缺乏对 CAGE 距离模型的运用。这些因素导致企业产品难以获得目标客户的青睐，进而使企业无法占领目标市场。而吉利对 CAGE 距离模型的运用则可圈可点，值得我们深入分析并学习，下面我们就对吉利并购沃尔沃所面临的目标国的制度与环境进行分析。

文化环境。文化环境是孕育企业文化的土壤，是企业所在国家民族精神与文化内涵的外部表征。沃尔沃诞生于北欧国家瑞典。瑞典是几家知名度极高的跨国企业的发源地，如斯凯孚、宜家家居和诺基亚。这些曾经或现在仍闪耀着光芒的企业向我们证明了瑞典人踏实、认真、严谨的品质，以及隐藏在这些品质下的成功基因。这些拥有好品质的瑞典人正是吉利的员工需要学习的榜样。吉利希望通过并购沃尔沃，重塑企业的文化环境。谈及文化环境，我们主要从以下几方面来讲述。

第一，语言。企业并购后的融合需要两国员工的沟通，而沟通的基础是语言。因此，为避免因语言不通而造成障碍，吉利专门为外国员工配备了翻译人员，这些翻译人员负责翻译和教学——既帮助外国员工实现工作的无障碍交流，又帮助其快速适应中国的文化与生活。语言壁垒的减少，是企业内部实现良性互动的前提，而企业内部不同国籍员工间的良性互动又是企业国际化的必备基础。因此，企业尤其要重视与关注这一问题。

第二，商务礼仪。当企业缺乏对当地礼仪的了解时，企业就极易在商务洽谈中出错，进而导致不必要的误会与纠纷的产生，给后续实现企业间真正的融合造成阻碍。当企业拓展目标市场时，企业也极易因对当地礼仪的低敏感度而失去客户的信任，从而加大了与客户之间的距离，无法有效赢得客户，甚至产生官司纠纷与赔偿问题。举例来说，冷淡、内向、坚守契约是瑞典人的性格特质和处事风格，他们不习惯亲密接触，更习惯置身于个人空间。中国人却往往较为随性、热情好客，以构建亲密关系为处世之道。因此，中国员工有必要先向当地员工与客户示以必要的尊重、诚意与克制，一切合作以契约为基础，从而化解不同国籍员工间的偏见与隔阂。因此，吉利并购沃尔沃后，选择坚守契约精神，逐渐消除了两国间的文化距离，为实现国际化打下了坚实的内部基础。

第三，宗教信仰。瑞典是一个推崇宗教信仰自由的国家，而中国员工对宗教信仰的认知与理解不够深刻，有可能会冒犯瑞典员工。因此，对想实现国际化的企业而言，应树立尊重宗教信仰自由的企业精神，制定尊重宗教信仰自由的规章制度，并对企业员工进行适当培训与教育，保证企业员工能够以包容、平等的心态对待彼此。此外，节日也是企业国际化进程中需要关注的要素之一，瑞典的节日丰富多彩，元旦、复活节、五朔节等节日丰富了瑞典人的文化生活，也为企业开拓市场创造了绝佳时机。如同中国南、北方之间存在文化差异一样，瑞典国土狭长，北方因气候寒冷而深受传统文化影响，南方因气候相对温暖而盛行欧洲大陆的风俗习惯。因而，针对不同地区，企业应当制定不同的营销战略，并抓住节日的关键时点，积极开拓市场。

最后，中国车企在进驻瑞典市场之前，应充分了解瑞典的环保要求和交通法规。瑞典是一个重视环保且关心、尊重人和自然的国家。瑞典人必须遵守如下规则：不论白天和黑夜，任何行驶在道路上的车辆必须开大灯，以便引起行人和车辆的注意；车辆进城就不能洗车，以免污染水源。尊重这种文化传统对进驻瑞典的外资企业来说是一个巨大的挑战。保护当地环境当然是企业义不容辞的责任，但经济效益与社会效益的平衡又是企业经营的一大难题。与此同时，靠右行驶及靠左行驶决定了汽车制造时是采用左舵还是右舵，而左舵车和右舵车在汽车内部构造、安全配置等方面存在很大差异。

管理环境。瑞典实行立宪君主政体，国王是国家的元首，仅承担礼仪性的职责；实行一院制的议会是国家的立法机构，政府是国家的最高行政机构，对议会负责。企业在目标国开展业务，免不了和其中一些政府部门打交道，而政治动荡无疑会影响企业的发展环境。吉利并购沃尔沃之所以能够顺利进行，是因为成功获得了瑞典相关政府部门的审批。

此外，企业必须遵守目标国的法律法规，这是最基本的底线。因为只有这样，企业才能继续开展业务。吉利总经理南圣良认为，针对不同项目的并购，熟悉不同国家的法律法规是企业国际化面临的最大挑战。因此，吉利致力于合规文化建设，意在成为一家规范的上市公司，为企业的长远发展，以及从容应对复杂的国际环境奠定基础。瑞典还是第一个与中国建交的西方国家，两国在经济、政治、文化等领域开展了深层次的交流与合作。因此，在瑞典进行企业国际化建设具有较为稳定的政治、经济环境。

地理环境。瑞典位于北欧斯堪的纳维亚半岛，与中国有 6 个小时的时差，国土面积为 45 万平方公里，相当于我国黑龙江省的面积。瑞典人口只有 1 000 多万，可谓地广人稀。

瑞典是高纬度国家，它既有位于北纬 55° 的瑞典第三大城市马尔默，也有位于北纬 68° 的阿比斯库国家公园。因此，瑞典各地区的气候、景色、人文环境各有千秋。地理环境影响着人们的生活方式。汽车作为交通工具，其性能需要契合人们的生活环境。比如在不同的气候环境下，汽车的性能也会随之发生一些变化。如何预防、应对和解决这些变化所带来的问题，是汽车企业在设计与制造汽车时不容忽视的问题，因为保障驾驶人的行车安全是最重要的事。

经济环境。19 世纪后，资本主义经济高速增长。瑞典因采取了中立的政治立场而免受两次世界大战的影响，瑞典的经济环境始终是一个和平稳定的环境。到 20 世纪中叶，瑞典的经济发展速度飞快，一举成为工业发达的资本主义国家。20 世纪 70 年代后，瑞典开始实施新的产业调整战略，将发展重点转向高新技术产业。这一举措也奠定了瑞典高福利国家的地位。瑞典还摘得《福布斯》2017 年全球商业环境排行榜的桂冠，成为全球 139 个经济体中最具资本吸引力的投资目的地。在财产权、创新、税负、科技、腐败、自由度（个人、贸易和货币）、官僚作风、对投资者的保护、股市行情等 11 项指标中，瑞典在 7 项指标中的排名位居世界前十。

　　瑞典是货真价实的制造业强国，可谓"麻雀虽小，五脏俱全"。尽管瑞典的国土面积并不大，人口并不多，却素以"小国家、大工业"著称。仅在汽车领域，就有 4 个世界级汽车品牌在瑞典诞生——沃尔沃、柯尼塞格、萨博、斯堪尼亚。瑞典在军工、机械制造、通信、采矿冶金、林业造纸等领域更是不乏知名企业。有人认为，瑞典是世界上拥有跨国企业最多的国家。由此可见，积极支持世界贸易自由化的瑞典，具有外向型经济特征，对外贸易依存度为 80% 左右，出口利润占国内 GDP 的 45% 左右。

　　此外，瑞典是世界上税收最高的国家之一，据瑞典《今日工业报》报道，瑞典人在 1 月 1 日至 8 月 14 日的全部收入都要用于交税，8 月 15 日之后的收入才归自己所有。然而，高税收对应的是瑞典超高的社会福利水平，这也造就了瑞典人热爱享受、追求品质的生活态度。瑞典人的这种生活态度在其产品中也有体现。

　　基于上述对瑞典经济环境的分析，我们可以得出一个结论：吉利在并购沃尔沃的同时，也收获了一个巨大的发展机遇——在全球商业环境排名最佳的国度里，吉利能够更快提升自身能力。企业应尊重瑞典员工对生活、工作品质的追求，并为其创造优良的环境。企业还应生产高品质产品，以迎合瑞典客户的喜好。总之，吉利将瑞典良好的商业环境与自身优势相结合，来应对并购中的风险与挑战，最终取得了辉煌业绩。

并购路上的吉利——国际化路径

2010 年 3 月 28 日，吉利集团与福特汽车正式签署了最终股权并购协议，获得了沃尔沃 100% 的股权。这意味着并购是吉利的国际化路径的重要一步。并购需要考虑诸多因素，包括企业的国际化动因、核心优势、目标国的制度与环境、重要合作伙伴等。吉利并购沃尔沃的过程是一个耗费时间与精力的过程。早在 2002 年，李书福就有了并购沃尔沃的想法。2007 年，吉利走上了战略转型的道路，也是在为并购沃尔沃铺路。2008 年的金融危机让福特有意出售沃尔沃，也让李书福看到了并购的希望，且他的并购理念得到了福特高管的认可，为并购成功增加了砝码。

吉利"蛇吞象"的再塑成功

通过第一步，我们了解到吉利并购沃尔沃的国际化动因、目标客户、瑞典的制度与环境以及国际化路径。第二步我们需要明确吉利的核心优势、是否能够将优势在瑞典成功再塑、如何寻求和处理与重要合作伙伴的关系，以及如何把控子母公司关系。

吉利的核心优势

吉利的核心优势是"变"与"不变"相结合。一方面，作为一个时刻以市场风向标为指引的企业，吉利不断学习、革新、颠覆并超越自我；另一方面，作为一个以实现国际化为目标的企业，吉利追求品质的企业文化从未改变。吉利宣传口号的转变——由"造老百姓买得起的车"到"造老百姓买得起的好车"，再到"造最安全、最环保、最节能的好车"，反映出吉利的核心优势由资源优势、人工优势开始向技术优势转变。1.0 时代的吉利，以低售价成功开拓了国内汽车市场，进而完成了因收入增长而带来的原始资本积累，为吉利后期的市场拓展和投资打下了坚实基础。2.0 时代的吉利，以"对标"管理赢得市场。通过并购外国优秀企业、借鉴这些企业的先进经验，吉利汽车实现了质的飞跃，进而为打造良好口碑奠定了基础。如今，3.0 时代的吉利，要以"立标"管理开拓市场。安聪慧表示，仅通过"对标"管理已无法实现吉利对市场的引领，只有通过"立标"管理，创造领域的最高标准，才能实现"由吉利以别人为标杆，到别人以吉利为标杆"的转变。

吉利能否实现优势再塑

　　吉利与沃尔沃是存在于两种不同意识形态下的企业，两者的融合必然会遇到诸多问题与挑战。并购之初，沃尔沃没有对吉利"敞开心扉"，因为沃尔沃是瑞典的知名品牌，而吉利只是中国的一家民营企业创立的品牌。但领克的诞生，让业内人士看到了吉利与沃尔沃合作的成效。2016 年 10 月，吉利发布全新汽车品牌 LYNK & CO。该品牌的研发依靠欧洲和中国的顶尖人才的技术力量，在基础技术和未来方向性的前沿技术领域完成了全球最新的模块化技术开发。这意味着吉利与沃尔沃的融合效果已逐渐显现，也极大地提高了吉利的国际竞争力。

吉利的重要合作伙伴

在国际战略画布中，合作伙伴不再是狭义的只有业务关系的业务伙伴，而是一个更加广义的概念。企业不应忽视任何有助于国际化战略实施的伙伴。

工会。很多外国企业都设立了工会，且工会拥有很多权力，跨国并购想要绕过工会是不现实的。吉利在并购沃尔沃时，就遇到了来自沃尔沃工会的阻碍，李书福机智地以"我爱你"三个字化解了矛盾，并赢得了沃尔沃工会的认可。李书福认为，企业应与工会建立有效沟通，并处理好利益关系，因为只有这样，并购工作才能被向前推进。

国内外政府。企业并购会受到双方国家法律法规的限制，其中有一方对并购产生异议，并购就难以进行。在国内，与国有企业相比，作为一家民营企业的吉利在项目审批、企业融资等方面均具有劣势。但吉利在处理与政府之间的关系方面是有优势的，这是因为吉利能为政府带来经济效益和社会效益。吉利专注于发展，勇于承担社会责任，并能带动当地经济发展、增加当地的就业机会，自然就成了政府招商引资的香饽饽。于是，吉利在政商关系方面就更容易得到政策支持，获得更广阔的融资平台。南圣良解答了"吉利为何选择在大庆设厂"的问题。南总强调，由于瑞典的纬度与大庆的纬度极为接近，因此瑞典员工更容易适应大庆的工作、生活环境；而大庆市政府之所以批准吉利项目落地，是因为大庆作为一个资源型城市，已深陷资源枯竭的窘境。对大庆来说，要想转型发展，与汽车企业合作是一个很好的机遇。因此，处理好企业与国内外政府之间的关系，是企业跨越国门、走向世界的关键所在。

业务合作伙伴。吉利坚持"让世界感受爱"的公益理念，将教育和环保作为公益聚焦领域，同时辐射文化传播、扶贫赈灾和弱势帮扶三个公益议题。吉利调动一切资源，与员工、经销商、客户一起探索可持续的公益模式，以实际行动践行社会责任。这也符合李书福为吉利设定的目标——成为汽车界的"华为"。而任正非认为，领先者可以只顾自己，领导者就要顾及他人。吉利不仅要关注自身业务的发展，更要关注如何打造民族品牌，实现中国汽车行业价值链的提升。吉利始终以实现"多方共赢"为目标，因为为他人创造价值就是为自身打造坚强的后盾。

企业员工。吉利秉承"尊重人、成就人、幸福人"的人力资源管理理念，持续推动"三支柱"管理转型，不断提升人力资源服务水平和效率，实现员工和企业的共同发展。随着全球人才吸引力的不断提升，吉利目前有来自 23 个国家的 253 名外国员工。为确保外国员工快速融入吉利，增强归属感，吉利积极开展跨文化培训、沙龙等活动，创办双语周刊、吉利频道全球通栏目。同时，为给外国员工的工作、生活提供更多的便利，吉利也会有针对性地提供签证、就业许可证、居留许可证等办理服务。这些贴心的服务让来自世界各地不同国家的员工有了归属感。

当地居民。任何一家企业在进驻目标国后，都需要处理好与当地居民之间的关系，因为只有这样，企业才能有一个和谐稳定的发展环境。例如，生产汽车会对环境造成污染，如果汽车企业不加以控制，导致污染排放不合格，就会侵犯当地居民的权益。在瑞典这个尤其注重环保的国家，这种行为是居民极力抵制的。因此，吉利应严格遵守当地的法律法规和环保制度，并在收集、贮存和处置等环节加大污染控制力度，不断提升环保处理工艺水平。目前，吉利所有生产基地均已启动涂装 VOC 治理项目，有机废气去除率达 90% 以上。同时，吉利还组织周边居民和社会各界人士参与吉利"环境开放日"活动，通过多种渠道接受公众监督。

金融机构。金融机构是吉利的重要合作伙伴。在并购前期，吉利为获得融资付出了艰辛的努力。此外，金融机构不仅是企业融资的重要渠道，还是企业连接客户的渠道。客户往往希望通过汽车贷款来购买车辆，因此，吉利积极为客户提供汽车金融支持，与中国工商银行等八家金融机构合作，建立了经销商信用评级体系，有针对性地提供零售融资产品。同时，吉利与金融机构携手推出汽车分期贴息活动，开启线上融资模式，优化贷款流程，在提升便捷度的同时尽可能地降低了客户的购车成本。

吉利最聪明的决策——正确处理子母公司关系

我们知道，并购沃尔沃后的吉利并没有走整合的道路，而是保持各自在经营管理上的独立性，并在此基础上互相学习和促进。吉利之所以能做出如此正确的选择，是因为吉利在制定国际化战略时，就已经有明确的国际化动因。面对沃尔沃，吉利既不高看对方，也不低看自己。吉利认为双方各有优势，定位各不相同，且部分资源能够实现共享。在这种思想的指导下，吉利在子母公司关系的处理态度上就十分明朗——坚持互利互惠、优势互补的原则，做到"亲兄弟明算账"，让契约精神贯穿合作的始终。

吉利"蛇吞象"的盈利模式

企业国际化离不开清晰的盈利模式。清晰的盈利模式能够帮助企业确定成本结构及利润增长点。因为企业经营的终极目标是获取利润。对吉利来说，并购沃尔沃需要解决的一大难题是融资。此外，吉利还需要考虑自身的国际化动因，以及未来想实现的战略目标，预测并购后的长远收益，不能满足于短期收益。

我们先看看吉利并购沃尔沃时的融资结构。吉利并购沃尔沃的成交价格为 18 亿美元。除了自有资金外，吉利的外部融资主要来源于地方政府资金以及银行贷款，如大庆市国资平台以入股形式向吉利提供了 30 亿元，中国建设银行浙江分行向吉利提供了 2 亿美元，等等。融资结构反映出吉利向政府、金融机构寻求资金帮助的艰难与曲折。

吉利并购沃尔沃是典型的"蛇吞象"，但"蛇吞象"并不是那么容易。因为吉利成功并购沃尔沃后，将面临很多财务、运营方面的问题，吉利应该从宏观视角解决这些问题，以有效降低风险。在融资方面，吉利取得了政府的支持，这与吉利带动了当地经济的发展、促进了当地的就业不无关系。此外，吉利还将融资的眼光放到了国外，因为国外有更加完善的资本市场和多样的融资工具，避开了国内因融资渠道单一、成本高而带来的风险。

吉利并购沃尔沃后，双方仍保持独立经营，只有董事长李书福、副总裁沈晖进入了沃尔沃董事会，分别担任董事长与董事。李书福和沈晖仅占据了 8 个董事会席位中的 2 个席位，这充分体现了"吉利是吉利，沃尔沃是沃尔沃"的最高原则。而其中更深层次的原因是，李书福觉察到了沃尔沃在公司治理方面的问题——董事会没有发挥出真正的作用，所以他选择重组董事会，并建立了规范的公司治理结构。

新 5P 战略模型助吉利布局海外市场

人才培养的成功是无法被复制的成功——由关注计划到以人为本

　　人的管理是国际化经营中避不开的难题。吉利极为重视人才培养，它将来自不同国家、具有不同文化背景的人才培养为具有共同价值观和使命感的员工，让员工成功跨越文化距离。吉利倡导"奋斗者"文化，并能吸引认同这一文化的来自不同国家的员工加入，有效避免了人力资源管理上的一些冲突。此外，吉利通过采取有效的激励措施，将团队凝聚在一起，实现了协调和统一。李书福认为，人才是企业的核心竞争力，且吉利需要的是兼具全球化视野和本土化思维的人才。通过与沃尔沃的技术合作，吉利的研发人员的研发思维、研发技能都得到了极大的提升，吉利与沃尔沃的协同效应也不断显现。

真诚比虚伪更能赢得人心——由侧重谋划到重视合作伙伴

　　国际化战略强调的是建立伙伴关系。吉利与沃尔沃不存在谁吞并谁、你变成我或者我变成你的情形，而是互相学习、共同进步的关系。南圣良曾在采访中提到，沃尔沃作为汽车行业的老大哥，经验丰富，却走向亏损，其经营必然是存在问题的，如沃尔沃的工程师文化导致其营销能力较弱。而吉利作为一家年轻的民营企业，活力十足。正是基于这种能够互补的合作基础，吉利与沃尔沃才能通过并购实现双赢。在海外市场中，企业应寻求合作与共赢。吉利与京东就建立了战略合作伙伴关系。基于双方的优势资源和经验，吉利将联合京东在智能互联、车载电商、信息服务等方面展开战略合作，为客户提供极致的车联网服务，共同探索车联网领域。李书福认为，竞争是企业健康成长的环境和条件，要在规则中竞争，才有提升企业实力、使企业变得强大的机会。竞争与合作并不互斥，在全球经济一体化的形势下，闭门造车是不可取的。企业只有以开放的心态迎接合作，整合全球资源，才能实现共赢。

没有套路——由照搬模式到强调预测

企业制定国际化战略，需要对自身实力和未来发展路径进行评估，对行业发展趋势以及全球竞争格局进行预测。企业要做到高瞻远瞩，全方面、多角度地评估和预测国际化进程中可能遇到的机会和问题。如果企业能制定出合理的国际化战略，就会更容易把握未来发展脉络，就能在市场竞争中占得先机。李书福认为，汽车行业在经历了流水线、平台化、模块化阶段后，模块化架构将成为发展的必然趋势。模块化架构是指将一个完整的汽车结构分成几个模块，分别装配零部件，然后再将各模块组装在一起，比流水线、平台化作业更具有优势。而目前我国拥有模块化架构的车企屈指可数，研发模块化架构已经成为全球汽车企业未来努力的重要方向。吉利先行一步，已经拥有 SPA（沃尔沃技术）架构、BMA（完全自主技术）架构和 CMA（吉利、沃尔沃技术）架构，并仍在不断发力，以研发出全新的纯电动架构。

吉利在 2010 年并购沃尔沃之后，于 2013 年并购英国伦敦出租车；同年，吉利与康迪成立合资企业；2014 年，吉利并购绿宝石汽车；2015 年，吉利入股冰岛碳循环；2016 年，吉利新能源商用车集团成立；2017 年，吉利与宝腾、路特斯成为战略合作伙伴。吉利走出去的每一步都是高层领导综合考虑全球行业格局、时代环境、客户需求、技术发展等因素后做出的预测性行动，反映出了吉利的独到眼光。

灵活定位——由保持一贯定位到增强可塑性

企业进驻一个新的海外市场后，对产品、品牌的定位需要结合自身的国际化动因、目标国的制度与环境、目标客户等要素灵活调整。吉利在这方面的表现可圈可点。并购沃尔沃后，吉利始终坚持"吉利是吉利，沃尔沃是沃尔沃"的最高原则，有效地避免了沃尔沃的高端形象受吉利"乡土化"品牌形象的影响。吉利还通过从沃尔沃引进技术和人才，实现了飞速发展。

你不能兼容别人，别人就会兼容你——由秉承传统观念到兼容多元文化

吉利一直致力于提升产品在海外市场的适应性。随着吉利

与宝腾和路特斯成为战略合作伙伴，吉利的国际化战略逐步深入。由于各国的地理环境、基础设施、驾乘习惯以及法律法规存在差异，因此吉利必须在产品投放市场之前，对新车在相似环境下行驶的长时间、长距离的适应性及可靠性进行充分验证。由于热带国家的温度较高，客户对空调的性能要求也相应提高，因此吉利为空调的降温效果和压缩机的耐久性设立了更加严格的标准。在高寒国家，吉利要求后续车型的外覆盖件使用98%以上的镀锌材料，有效地解决了底盘腐蚀问题。此外，吉利重视合规文化的传播——遵守不同国家的法律法规，这使吉利成为真正的跨国企业。

第 11 章
"菜鸟"全球飞：菜鸟在俄罗斯

菜鸟网络科技有限公司成立于 2013 年，之所以取名"菜鸟"，是因为这家企业始终有菜鸟心态——对社会、未来存有敬畏之心。菜鸟的愿景是在 5~8 年内，打造一个覆盖全国每个角落的社会化、全方位开放的智能物流骨干网，并力争实现"顾客下单后 24 小时收货"的目标。菜鸟的运作模式是通过获取、分析物流平台的消费数据，对产品进行提前干预——在仓储提前备货的前提下，菜鸟可以就近提货并进行配送，无须再依赖"点到点"式配送，从而驱动仓储中心的"落地配"物流配送体系的形成。

菜鸟将智能物流骨干网的构建切割为三个部分：天网、地网和人网。天网是指菜鸟通过构建物流数据平台及使用数据整合分析工具获取网络客户数据。地网是指菜鸟通过"自建＋合作"的方式在全国各地进行线下仓储建设，商家仅需采取就近原则将产品送至距离最近的菜鸟仓库，检验、登记、交货等后续工作则由菜鸟统一负责。人网是指菜鸟通过"最后一公里"配送服务体系以及"菜鸟驿站"的构建，为客户提供了随时提件的服务。下面我们将用国际战略画布和新 5P 战略模型分析菜鸟如何成功飞向全球。

国际战略画布助菜鸟飞向全球

菜鸟全球飞的国际化驱动

顺势而为，主动出击——国际化动因

科学技术的迅猛发展使地球逐渐成为一个"地球村"，也使各个国家间的商品可以实现互通有无，全球的客户也更愿意以开放和拥抱的态度尝试全新的产品，感受异域文化。2015 年 3 月 28 日，国家发改委、外交部、商务部联合发布了《推动共建丝绸之路经济带和 21 世纪海上丝绸之路的愿景与行动》，表明了国家为全方位推进务实合作，打造政治互信、经济融合、文化包容的利益共同体、命运共同体和责任共同体所做的努力，也为中外企业发展合作、实现互利共赢创造了条件。

改革开放后，越来越多的商品涌入或走出中国市场，这对跨境电商服务和快递物流业的发展提出了更高的要求。当下，跨境电商的发展已小有成效，且国内电商红利已接近尾声，国

际化和新零售成为阿里巴巴全力推动的新增长方向，快递物流业的发展速度却明显跟不上跨境电商发展的速度。物流已成为电商企业的"阿喀琉斯之踵"，如果电商企业不能将物流控制在自己手中，那么作为上游产业的电商企业将会在未来丧失市场主导权。

相对于C2C（客户对客户）市场，B2C（企业对客户）市场必将迎来更快速、更广阔的发展。尽管C2C模式目前仍然是我国电商发展的主要模式，但是B2C模式更符合提高零售效率的逻辑，必将成为未来市场的主流。而且，随着我国大力推进精准扶贫，我国人民的生活水平显著提高，存款不断增加，网购已成为人们生活中不可或缺的一部分。于是，客户的关注点逐渐由价格高低转向质量和服务的好坏，而末端配送已成为阿里巴巴的短板，影响顾客感知和顾客满意度，制约电商行业的发展。

因此，菜鸟的国际化动因主要有两个。第一，顺势而为。企业应在全球经济一体化和B2C市场快速发展的大背景下，充分把握新时代的机遇。企业还应借力"一带一路"倡议，积极践行国际化发展道路，打造民族品牌，承担大国企业责任，塑造优良的品牌形象。对菜鸟而言，最重要的是遵守相关政府、企业的规章制度，并确立一个明确的发展方向，与同行业企业一起协商制定最佳行业规则。第二，主动出击。企业应利用自身已形成的循环商业竞争体系，构建天网、地网、人网，建立起全球智能物流骨干网，改善当前国际物流配送费用高昂、效率低下的现状，从而提升客户体验。此外，建立菜鸟网络有助于阿里巴巴整合物流全产业链资源，弥补业务短板，构建电商领域的商流、信息流、资金流和物流的完整模块。

飞向千家万户的鸟——目标客户

目前，菜鸟的受众主要有商家和客户两部分。马云对菜鸟的定位是，专注于物流领域的基础建设和互联网服务，建设能够提升配送效率、降低商家成本和提高客户体验的智能物流骨干网，即为入驻淘宝配送中心的商家提供仓储、拣货、包装、发货、配送等一系列服务。此外，菜鸟还致力于为在淘宝、天猫商城购物的客户提高配送效率，尽力压缩客户包裹的投递时间，推出覆盖全球超过 150 个国家和地区的无忧物流优先服务。未来，在全球智能物流骨干网全面建成后，其目标受众可能由国内的商家及客户转变为需要包裹运输、快递配送等业务的全球的商家及客户。

2013 年，阿里巴巴旗下跨境电商零售平台"全球速卖通"在俄罗斯举办了首次大促销活动，促销一天便产生了 17 万个包裹订单。然而遗憾的是，当地的龙头企业俄罗斯邮政的日均处理包裹量仅为 3 万个。一个月后，俄罗斯海关有 500 吨滞留包裹。最后，许多客户的收货时间被迫延长至半年。针对这一现状，为更好地改善客户的购物体验，提高顾客感知价值，提升客户的满意度，菜鸟开始对其在俄罗斯的物流网络进行全面改造与布局，并于 3 年后获得成效。俄罗斯客户收到中国包裹的平均时间由以往的 60 天提速为 15 天，来自莫斯科等大城市的客户最快可以 3 天收到包裹。俄罗斯邮政的日均处理包裹量也从 3 万个上升为 2.3 亿个，实现了质的飞跃。

飞向天空还是牢笼？——目标国的制度与环境

文化环境。第一，民族特性。俄罗斯的国土面积跨度大，人口分布极不均衡，居住于欧洲的人口占全国总人口的 4/5，而亚洲的每平方公里的人口密度仅为 1 人，因此，俄罗斯文化具有双重性——兼有东西方文化特征的"中间性"和"兼容性"，既不是纯粹的西方文化，也不是纯粹的东方文化。

第二，宗教文化。俄罗斯有 194 个民族，150 种语言。不同于其他西方国家，俄罗斯人民享有宗教信仰自由。俄罗斯文化的双重性使其文化发展呈现出局部性、封闭性、多样性的特点。

基于上述文化环境，菜鸟在制定国际化战略时，需要考虑俄罗斯文化的双重性，对当地员工及客户的宗教、民族、语言等特性进行分析，进而达到被当地政府、企业及客户认可和接纳的效果，避免因小失大。此外，尊重个人时间是大部分西方企业的特点。因此，菜鸟应杜绝中国式加班文化，转而注重提升员工的工作效率。

管理环境。从地缘毗邻优势和两国政治互信优势的角度来看，中国提出的"一带一路"倡议与俄罗斯提出的"欧亚经济联盟"构想都将为双方带来巨大的发展机遇，菜鸟可借力"一带一路"倡议开拓海外市场。此外，俄罗斯各个地区均对外国投资给予不同程度的税收减免等优惠政策。《俄罗斯联邦经济特区法》为进驻经济特区的外资企业提供了优惠政策，规定外资企业可以在进驻经济特区后享受货物进口关税免交或退税优惠。在对外贸易方面，俄罗斯提出进一步简化国内通关程序并实现通关办理的数字化，这都将成为菜鸟实现国际化的助推器。

然而，"一带一路"倡议还没有完全落实到物流领域。尽管针对 B2B 模式，中国有经过俄罗斯的中欧专列，但针对 B2C 模式，中国还缺乏相关政策的支持。俄罗斯政府对电商的理解也不够到位，导致俄罗斯企业效率低下。于是菜鸟利用自身在物流基础设施建设和数据服务平台方面的优势，为俄罗斯邮政提出了升级改造的建议，使俄罗斯邮政的服务质量有了巨大的飞跃，双方的合作也取得了巨大的成功。由此可见，企业充分发挥自身优势，靠质量和客户满意度取胜才是正道。此外，俄罗斯政府在意识到电商已占据 B2B 市场的同时，也开始重视俄罗斯 B2C 市场的发展。菜鸟可以借此良机生产更便宜、更独特的产品来满足客户的需求。

地理环境。俄罗斯是世界上国土面积最大的国家，横跨欧亚大陆，东西最长 9 000 公里，南北最宽 4 000 公里。有趣的是，这种地域特征使俄罗斯"既是东方，也是西方"：政治、文化的发源地均在欧洲，但 80% 的国土面积在亚洲。俄罗斯独特的地理环境无疑给菜鸟的建仓、招聘、配备交通工具等工作带来不小的挑战。

俄罗斯物流在 2012—2017 年进步显著。过去，俄罗斯邮政每个月前往东部城市配送一次，配送量小，效率低下。但之后，东部城市的居民可以通过全球速卖通平台迅速下单购买商品。因此，菜鸟获得了东部市场的商家的信任，这就相当于获得了东部市场，菜鸟可依据订单量来灵活调整配送频率。目前，俄罗斯邮政在东部城市的配送频率已由以往的一个月配送一次转变为如今的两周或一周配送一次。当然这也是由成本决定的。显然，订单量越大，配送频率就会越高。此外，电商包裹与其他包裹一起配送，可以达到资源节约的效果。

经济环境。在全球经济一体化的趋势下，俄罗斯的区域经济合作步伐不断加快，俄罗斯与中国建立了相互依存的合作关系。除此之外，俄罗斯也在积极寻求与韩国、越南等亚太国家以及巴西、印度等金砖国家的合作机会。过去，俄罗斯的经济环境并不适合物流的发展——既没有支持 B2C 发展的物流政策，又没有具有商业化思维的物流人才。俄罗斯邮政只接受小包裹（2 千克以内），寄送方式是平邮（完全没有目标国的跟踪信息）和挂号（有挂号费，有跟踪信息）。俄罗斯邮政发展的滞后为菜鸟创造了一个巨大的市场空间。

菜鸟选择的路——国际化路径

菜鸟作为第四方物流服务商，通过提供跨境物流的基础服务，升级本地的物流基础设施，以及输出国内先进物流技术、管理经验和人才等方式，参与跨境物流和国内物流业务。但菜鸟的进驻模式是战略联盟模式，俄罗斯邮政是菜鸟的物流合作者，基于菜鸟的技术为俄罗斯客户提供末端的配送服务。菜鸟的定制化快递面单，满足了俄罗斯邮政对自动化分拣技术的需求。

菜鸟已经制订了下一步的发展计划。第一，深耕俄罗斯市场，加大与俄罗斯邮政的合作力度，开发新产品和提供新服务。如快递自提柜，满足客户通过 App 扫码轻松提货的需求；提供电子清关服务，客户仅需提供自己的个人护照、税号等信息就可以自助清关。第二，在俄罗斯建立物流中心，通过空运、海运、陆运多种运输方式提升运力能力。第三，致力于物流商业化，让电商通过物流了解到真正的客户，并借助物流平台为客户提供更多的信息和安全感。

菜鸟全球飞的再塑成功

会"飞"是菜鸟的资本——核心优势

在对菜鸟的国际化动因、目标客户、目标国的制度与环境进行深入分析后，我们需要进一步确定菜鸟的核心优势。只有一个企业拥有自己的核心优势，且这种核心优势无法被竞争对手模仿与复制时，才能在行业中立足。菜鸟的核心优势主要表现为以下几个方面。

阿里巴巴的强势依托。对电商来说，最重要的就是获取信息流、资金流和物流。菜鸟依托阿里巴巴构建的循环竞争商务体系，掌控了阿里巴巴旗下 52.1% 的 B2C 市场和 96.4% 的 C2C 市场。此外，支付宝对资金流问题的解决也成为帮助菜鸟快速发展的助推器。随着阿里巴巴的全球智能物流骨干网的基础设施逐步完善，未来所有的物流企业都需要通过菜鸟取得货物资源，并遵循其制定的诚信管理、软硬件标准等相关规则。

仓储布局（地网）。仓储是菜鸟构建全球智能物流骨干网的核心硬件。菜鸟可以依托阿里巴巴与政府的合作基础获得仓储用地，从而打造基础设施完备、能够有力支持全球智能物流骨干网建设的仓储基地。而在国外，由于阿里巴巴拥有雄厚的资金实力，以及马云始终强调企业应以高站位谋划发展（不是为了谋求利益，而是为了实现让客户更满意、让世界更美好的目标），因此，与其他企业相比，菜鸟更容易获得融资，形成规模效应，外国政府也更愿意相信马云的实力，乐于帮助马云实现企业愿景。

大数据技术（天网）。技术是菜鸟构建全球智能物流骨干网的核心软件。菜鸟可以依托阿里巴巴的淘宝、天猫平台直接获取那些第三方物流企业无法获得的大量商流、信息流等。菜鸟以数据分析为基础，通过全方位库存管理与预测、全渠道覆盖的方式提升了效率，降低了成本，并最终形成了电子面单＋路由分单＋四级地址库＋裹裹 App 的数据闭环。

技术标准。以马云在 2016 年 3 月提出的 eWTP（世界电子贸易平台）概念为依托，菜鸟正朝着打造世界级的物流大数据协同平台、推进 eWTP 的基础设施建设的方向快速迈进。菜鸟的国际化在带给国际物流行业效率提升的背后，是对现有每个运输链条上的参与元素的改造与重组。菜鸟构建的全球智能物流骨干网将会打破以往平台的完全包容与开发局面，推动产品与服务分层，提升服务质量，为快递行业确立新的行业规则与服务标准，进而形成多样化、多层次的产品竞争格局。

竞争中合作，合作中竞争——重要合作伙伴

阿里巴巴一向不主张自建物流，但如今，为了保障淘宝、天猫等平台的物流服务，阿里巴巴搭建了全球智能物流骨干网，正式涉足物流领域。因此，菜鸟在实施"全球智能物流骨干网"这一战略的过程中，更需要平衡自身与重要合作伙伴之间的关系。

重视与政府的关系。如果企业想进驻一个全新的市场，并在当地顺利开展业务，那么企业必须做好政府公关工作。政府的反对是对企业开展业务的毁灭性打击。因此，菜鸟进驻俄罗斯市场后，首先与俄罗斯政府会面洽谈，并在获得了俄罗斯政

府对其构想的支持后，才有了后续对俄罗斯物流的升级改造的成功。

建立与当地企业的合作关系。企业进驻当地市场后，一定要谦虚低调，避免与当地的龙头企业直接抗衡，要学会与当地企业建立竞争中合作、合作中竞争的关系。俄罗斯有三家大型物流企业：俄罗斯邮政、DPD（德普达快运）和 SPSR（中俄快递）。其中，俄罗斯邮政是当地的国资物流企业，占据俄罗斯快递市场（包括跨境电商市场及俄国国内电商市场）近 70% 的份额。于是，菜鸟选择同俄罗斯邮政合作，将全球速卖通的订单信息及包裹的电子面单信息通过 EDI（电子数据交换）分享给中国邮政，中国邮政再将这些信息分享给俄罗斯邮政。之后，菜鸟通过为俄罗斯邮政提供各项服务，改善了俄罗斯邮政的物流基础设施，并帮助俄罗斯邮政实现了数字化改造，成功输出了中国的先进物流经验。同时，菜鸟提供了包裹精细化分拣、优化航空干线、缩短清关时间等服务，帮助俄罗斯邮政重构了物流服务体系，提升了俄罗斯邮政的物流配送效率，从而实现双方的合作共赢。

重视与当地员工的关系。企业的发展离不开员工的努力。菜鸟在职业培训、工作环境优化、优秀人才奖励、人文关怀等方面，为员工投入高额费用。菜鸟十分重视企业文化同当地员工的宗教信仰、生活习惯的融合。菜鸟为员工提供优质完善的服务保障，帮助员工解决后顾之忧，从而使员工把企业当成家，把企业的事情当成自己的事情。

合作伙伴的培养。菜鸟非常重视培养合作伙伴，因为合作伙伴之间的关系往往是彼此成就的关系。例如，菜鸟既可以通过对数据的全面分析及准确预测，帮助其他物流企业提高工作效率，又可以借此机会建立自己的现代化分拨中心，加快处理包裹的速度。

动态调整，融入环境——优势再塑

通过天网、地网、人网运营模式的构建，菜鸟在全球范围内建立跨境仓库并开辟跨境专线，旨在为全球客户提供高效的配送服务。在进口方面，菜鸟通过保税备货、设立专机专线的方式，让国内配送次日达成为可能；在出口方面，菜鸟通过电子清关、出口专线的方式，让部分国家（如俄罗斯、英国）实现了物流配送 7 日达。此外，菜鸟还与海外多个物流合作伙伴深耕数据对接业务，实现了各方之间物流信息的同步，这些都是菜鸟的独特优势。

分工明确，锁定方向——子母公司关系

为更好地服务于客户和商家，菜鸟建立了以协同共赢、数据赋能为核心的平台，将更多的合作伙伴纳入其中。菜鸟的物流可覆盖全球 224 个国家和地区，跨境仓库有 231 个，搭建起了一个真正具有全球配送能力的智能物流骨干网。不同于传统

的子母公司关系，菜鸟建立的关系是一种战略联盟的合作关系。

菜鸟全球飞的盈利模式

企业可以通过缩减成本或增加收入获取利润，菜鸟国际化的盈利模式可以为希望走出去的物流企业提供借鉴和指导。

成本结构

仓储建设成本。菜鸟最主要的成本是仓储建设成本，而仓储建设成本中最主要的成本是土地成本——建设分拨配送基地和电商服务中心。菜鸟致力于打造一个能够实现产品增值的仓储基地——既能帮助商家在物流与供应链服务中提高对库存的控制和调整能力，又能为客户提供质量保障。因此，仓储网络的系统化布局和智能化建设成为整个物流网络得以顺畅运转的基石。

科技研发成本。数据之所以被称为"新时代的石油"，是因为数据可以帮助人们提取信息并总结规律。在量级数据得以汇集后，如果企业缺乏后端分析能力，那么数据就仅仅是存放在电脑、硬盘或网络中冰冷的数字。因此，阿里巴巴不断在信息技术方面加大科研投入，希望可以最大化地利用电商平台中数以亿计的数据资源，推动数据行业的变革与自我变革。

物流信息化建设成本。全球智能物流骨干网的建设需要高额的前期投入，特别是自动化物流系统的配备。如果菜鸟想构建物流数据平台，就必须对商品质量、库存信息及配送质量进行把控；如果菜鸟想实现云供应链协同，就必须汇集商家、物流企业以及第三方机构的数据资源，成为全价值链数据驱动企业。菜鸟致力于推广电子面单，并允许合作伙伴永久免费使用。这些举措在后期必将为菜鸟的运营节省大量的成本，但也必将给处于发展初期的菜鸟带来巨大的成本压力。

公关成本。企业在面对政府时，不仅需要表达合作的诚意，更需要彰显自己在资本、技术、人才等方面的雄厚实力。而当企业身陷恶意竞争时，企业会因危机公关而付出高额费用。这些费用可以帮助企业安抚合作伙伴、迷惑竞争对手，以及打好企业形象的保卫战。此外，企业需要通过宣传来树立自身形象，进而吸引客户的注意力。

人力资源成本。菜鸟在职业培训、优秀人才奖励、人文关怀等方面为员工投入高额费用。此外，企业需要大量人才建设智能物流系统。智能物流系统的发展离不开机器人的使用、设备的安装调试以及售后服务，因此，吸纳与培养机器人操作系统工程师、安装调试工程师、售后技术支持工程师这三大类人才，都需要企业花费高额的人力资源成本。

收入来源

菜鸟可以为商家提供两方面的服务：信息整合服务和仓储物流服务。因此，菜鸟的收入来源主要体现在以下几个方面。

端到端服务费。菜鸟通过与前端、后端各合作伙伴的协作配合，为商家及其供应商、销售商提供全套物流服务，包括分拣、仓储、仓库运营、干线运输、公里配送及其他增值服务，并按照服务层级向商家的每个物流订单收取捆绑式费用。

商品辅助配送费。菜鸟基于大数据算法和信息技术，为物流配送过程中产生的各种问题提供解决方案，改进末端配送效率，并为客户收货中及收货后的投诉提供多种解决方案，以从配送商那里收取一定比例的辅助费用。

仓储占用及管理费。通过开发与运用智能技术及建设全方位的国际化仓储网络，菜鸟可以帮助商家在降低仓储成本的同时，实现产品销量的预测与管理，从而起到预警作用，帮助商家及时完善产品和服务。因此，商家需支付菜鸟租金及管理费用。

数据共享和技术集成平台使用费。由于菜鸟的初始定位就是打造一个数据平台，因此，以数据为基点的服务也为菜鸟创造了收入来源。菜鸟通过整合物流价值链系统，对商家和各配送端进行数据共享，并收取一定的数据共享和技术集成平台使用费。

新 5P 战略模型助菜鸟确认航向

我们利用国际战略画布对菜鸟走出去的国际化动因、国际化路径等要素进行了具体全面的分析。我们已基本明确菜鸟的基础架构、核心优势，以及面临的机遇、挑战和问题。下面我们利用新 5P 战略模型对菜鸟的国际化战略进行宏观分析，帮助菜鸟确认航向。

团队的强大力量——由关注计划到以人为本

明茨伯格认为，战略是一种计划，是一种有意识、有预谋、有组织、以书面文件呈现的行动指南和程序。在这一战略定义的指导下，企业与员工是明确的雇用与被雇用的关系。在这种关系下，企业激励员工的不当方式会导致员工缺乏主观能动性；除此之外，企业激励客户的不当方式会导致客户流失。而新 5P 战略模型着重强调企业对员工的人文关怀，将人文关怀作为企业最重要的激励要素之一。菜鸟不仅为上游商家提供一揽子解决方案，还努力为下游客户提供更满意的物流服务，它充分继承了阿里巴巴的人文关怀主义精神，放低了管理者的姿态，强调了员工的重要作用。马云表示，在阿里巴巴，客户第一，员工第二，股东第三。2018 年春节期间，为打消快递员"春节回家，一票难求"的后顾之忧，菜鸟与中国铁路总公司合作，预订了一辆高铁专列免费送快递员回家；坚守工作岗位的快递员实行轮班制，并可获得团圆金。2018 年夏，杭州酷暑难耐，菜鸟在杭州街头增设了一个无人看管冰柜，推出免费冷饮，为环卫工人、交警、快递小哥、外卖小哥降暑降温。菜鸟的这些举动表明，它将利益相关者放在了心中，因此它也一定会竭尽所能地满足客户的诸多诉求。

天时、地利、人和——由侧重谋划到重视合作伙伴

明茨伯格还认为，战略是一种谋划，是在竞争博弈中威胁和战胜对手的工具。较量的最好结果是一方大获全胜，一方败兴而归。除此之外，较量的结果往往是"伤敌一千，自损八百"。而在新 5P 战略模型中，竞合取代了竞争。竞争者之间可以充分发挥各自的比较优势，形成优势互补，从而实现多方共赢的局面。当竞争者的需求得到满足与平衡时，竞合关系带来的效应就是一个乘积效应。在国际化进程中，菜鸟并不是以取代第三方物流企业的地位、抢夺第三方物流企业的资源与客户为目标——而是以将第三方物流企业与商家、客户联通为目标——帮助第三方物流企业提升业务能力、提高配送效率，从而更好地服务于国内外市场；帮助商家缩减库存，降低成本；提升客户的购物体验，提高客户满意度，进而培养客户忠诚度，实现多方共赢。

预估风险可以帮助企业降低损失——由照搬模式到强调预测

根据明茨伯格的观点，战略还是一种已被证明的成功商业模式，复制商业模式有助于企业的宏观理念和微观行动保持一致，避免企业因重新制定战略而难以协调内部关系的局面出现，同时也可以帮助企业规避探索性风险，有助于企业节省运营成

本。遵循此成功模式，企业往往可以达到在不同地域开疆拓土的目的。新 5P 战略模型认为，单纯复制成功模式无法满足企业进驻海外市场的需求，企业应掌握海外市场行情，并对目标国的制度与环境做出预测，打有准备之仗。进驻海外市场的产品不仅代表企业形象，还代表国家形象。如果企业因准备不足而进驻目标国失败，那么企业与国家的形象都会受到负面影响，这无疑是一个恶性循环。不同国家的经济、政治、文化环境为菜鸟带来了不同的挑战，菜鸟不得不考虑目标国的地理环境、政治开放程度以及客户对"中国式快节奏"生活的接纳程度。菜鸟应在复制以往成功模式的基础上，对可能在目标国遇到的问题与困难做出预判，并制订具有针对性的解决方案，从而在国际化道路上走得更稳、更顺畅。

关注内因——由保持一贯定位到增强可塑性

明茨伯格还认为战略是一种定位。定位是在计划、模式、观念成型的基础上，企业探索到的适合自己的盈利路径，也是企业不变的核心和一以贯之的准则。保持一贯定位能够避免企业在扩张过程中偏离正轨，如因产品线过于繁杂而忽略了核心业务。新 5P 战略模型认为，企业应在保持一贯定位的基础上，增强产品定位的可塑性，使产品定位能根据外部环境和需求的变化而得到调整，进而打造出能够融入目标国的特色产品。菜鸟在坚持建设全球智能物流骨干网的基础上，可以增强自身在不同的海外市场上的可塑性。如俄罗斯部分地区的订单量较少，为其开设物流专线、构建基础设施及配置人员的成本过于高昂，此时菜鸟便可以灵活变通，如果无法做到次日达，就做到"尽快达"，这同样可以极大地提高客户满意度，提升客户消费体验。这便是"由保持一贯定位到增强可塑性"的具体体现。

跨界学习——由秉承传统观念到兼容多元文化

在明茨伯格的战略定义中，战略还是一种观念。它让企业与世界联通，感知世界并向世界提供反馈。它是企业的价值观体现。新 5P 战略模型则认为，在国内市场，企业塑造的统一价值观有利于团结群体力量——认准目标，并为实现共同目标而努力；而在海外市场，单一的价值观显然无法满足来自不同国家员工的不同文化需求，因此企业应倡导多元文化，从价值观的层面实现和谐发展。菜鸟从成立之初就将进驻海外市场作为发展目标，因此菜鸟应以多元文化作为其价值观构建的基础。比如，针对不同的民族特性，给予员工人文关怀；针对不同的行业发展形势，联合利益相关者打造共赢局面；针对不同的消费环境，制定有效的营销策略；针对不同的市场环境，打造可塑性强的优势品牌；针对不同的组织构成，制定多元的文化战略。

第 12 章
跳"桑巴"的"狼"：华为在巴西

　　成立于 1987 年的华为，凭借着狼性文化从最初只有 50 多名员工的小企业，发展为拥有 18 万名员工、业务遍及 170 多个国家和地区、服务全球近 30 亿人口的大型跨国企业。经过十几年的海外经营，华为在运营商业务领域、企业业务领域和消费者业务领域均获得了稳定、健康的发展，并将印度尼西亚、阿尔及利亚等环境恶劣的国家的市场，发展成华为实施国际化战略的重要市场。同时，华为进驻欧美发达国家市场，成为国际主流市场的世界级供应商。华为取得的成就有目共睹，但其国际化道路并不是一帆风顺的。陌生的经营环境、独特的风土人情、严格的法律制度、强硬的贸易立场以及复杂的劳务纠纷，都是华为曾经面临的问题。下面我们将利用国际战略画布和新 5P 战略模型来分析华为在巴西的经历——华为为何是一匹在巴西跳"桑巴"的"狼"。

国际战略画布助力华为巴西起舞

华为巴西起舞的国际化驱动

华为为何在巴西起舞——国际化动因

华为创始人任正非在企业创立之初就意识到通信设备制造业的激烈竞争必将迫使华为走出国门，进驻海外市场。任正非说："我们总不能等到没有问题才去进攻。我们要在海外市场的搏击中，熟悉市场、赢得市场，培养并造就干部队伍……若我们在3~5年内无法建立国际化的队伍，那么中国市场一旦饱和，我们将坐以待毙。"1998年，华为正式实施"华为基本法"，这部"企业宪法"展现了华为清晰的国际化战略脉络。在这一年，华为进驻巴西市场。巴西作为南美洲最大的国家，具有巨大的市场潜力和人口红利，是许多通信企业、互联网企业瞄准的新兴市场。

国家一直鼓励企业走出去。习近平在中共十九大报告中提出的"推动形成全面开放新格局"和"创新对外投资方式，促进国际产能合作，形成面向全球的贸易、投融资、生产、服务网络，加快培育国际经济合作和竞争新优势"，为新时代的对外开放工作指明了方向。2017年5月，首届"一带一路"国际合作高峰论坛的成功举办，为各国共商合作发展大计奠定了基础。同年9月，金砖国家领导人在厦门进行第九次会晤，协商一致通过了《金砖国家领导人厦门宣言》，重申开放包容、互惠互利的金砖精神，为加强金砖国家在各个领域的务实合作规划了新蓝图。

华为在内在动因和外在政策的驱动下，坚定地走上了国际化道路，成功进驻巴西这一新兴市场。

扩展客户范围——目标客户

1997 年以前，华为是一家本土企业，其主要业务都在中国。后来，华为逐步走向国际化，业务范围不断向外扩展。到 2011年，华为的业务领域从电信领域逐步拓展到面向政府、家庭和消费者的新领域。巴西的运营商业务、企业业务有力地支撑着华为的快速成长，对应的目标客户主要是运营商客户和企业客户。华为进驻巴西市场后，先从运营商客户入手，销售电信设备，并逐步将客户范围向企业客户扩展。在消费者业务领域，华为于 2013—2015 年在巴西销售智能手机，但最终并未成功。如果华为想重返巴西智能手机市场，就应吸取失败教训，充分考虑巴西的制度与环境、客户价值理念、消费习惯等情况，合理细分客户，进而在巴西智能手机市场中获得一席之地。

全民皆舞的国度——目标国的制度与环境

企业在实施国际化战略时，因目标国的制度与环境和本国的制度与环境不同，企业采取的战略自然也应有所差别。下面我们将从文化、管理、地理、经济这 4 个维度对巴西的制度与环境进行阐述，深入分析华为在巴西应采取的国际化战略。

文化环境。巴西是一个多民族国家，白种人、黑白混血种人、黑种人、黄种人分别占巴西总人口的 53.7%、38.5%、6.2%、1.2%。巴西人没有排外情绪，也不会排斥中国企业在巴西开展业务。

巴西的官方语言是葡萄牙语，习俗与葡萄牙相似。在巴西，仅有受过高等教育的员工或高层领导会说英语，这无疑让中国员工与本地员工的沟通变得困难。

在地缘上，巴西与中国相距甚远，中国人对巴西的了解可能仅源自新闻媒体，所以中国企业要进驻巴西市场，必须事先充分了解巴西习俗。比如，巴西人的时间观念不强，上班经常迟到；巴西人喜欢开玩笑，但玩笑从不涉及民族、政治等话题；在巴西，事先预约是重要的商务礼仪；巴西人看重客户的个人品行超过业务能力；比起通过电话、邮件沟通合作细节，巴西人更愿意见面沟通。此外，巴西人推进工作的速度缓慢，这也是华为需要适应的地方。

管理环境。中巴自 1974 年建交以来，不断深化合作，谋求共同发展。这使华为在巴西的发展有比较安稳的政治环境。近几年，受全球经济低迷的影响，巴西各个党派之间的斗争加剧，经济陷入严重危机，失业率不断升高。因此，雇用巴西本地员工的外国企业更受巴西政府青睐。

巴西的税种多，税率高，有联邦税、州税和市税三种税制。此外，巴西不断变更的法律法规也会导致税率不断变化。我们经粗略研究发现，巴西企业缴纳的主要税费有 15 种，税费清单多达 86 条。2007 年，巴西企业用于完税的工作时间多达 2 600 个小时，居世界首位。巴西的税收占 GDP 的比重超过 30%。此外，巴西政府还制定了严格、细致的劳工法律法规。例如，巴西的《劳动法》对员工的休息时间进行了严格规定：在连续工作期间，员工每工作 4~6 小时，应休息 15 分钟；员工工作超过 6 小时，应休息 1~2 小时。巴西复杂的法律法规以及政府临时颁布的措施，无疑给外国企业制造了重重阻碍。如果华为想在巴西顺利开展业务，就必须充分了解巴西的法律法规。

巴西有很多关于商业贿赂的法律，这些法律加大了巴西相关职能部门对腐败问题的监控和查处力度。巴西的《联邦政府采购法》几乎消除了所有腐败监管的真空地带。

由于巴西实行浮动汇率制，中国企业需要承担一定的汇率风险。中巴两国相距甚远，因此货物的运输周期长。运输期间的汇率波动会导致货物价格的变化。在先发货、后付款的交易方式下，若巴西的进口商因资金短缺而迟迟不去港口提货，就会使中国企业的商品滞留海关码头，中国企业就会遭受巨大损失。

巴西政府重视通信业的发展。2016 年 5 月，巴西通信部发布了 "智慧巴西" 国家宽带发展计划，计划在 2019 年实现宽带网络覆盖巴西 95% 的人口的目标。这个计划为华为进驻巴西市场创造了更多的机会和条件。

地理环境。巴西位于南美洲东部，国土面积为 850 多万平方公里，是南美洲最大的国家。由于巴西与北京的时差是 10 个小时，因此巴西员工可能面临的是白天工作、晚上与国内联系的工作节奏。

在交通运输方面，巴西的公路承担着主要角色，公路货物运输量占全国运输总量的 2/3；巴西缺乏互联互通的全国铁路网，且铁路线路以货运为主，运输效能比较低，时速也远低于全球的平均时速；巴西有优良的水域生态环境，且有 37 座港口，但这些港口发展滞后，进口货物滞港问题严重，滞港费用极高。这些因素极大地影响了华为在巴西的物流成本。

经济环境。巴西的科技水平与研发能力位居发展中国家前列。20 世纪 70 年代，巴西就具备了比较完整的工业体系和坚实的工业基础；巴西的科研人员逐渐增多，为企业发展提供了人才支撑；巴西电信业的发展水平较高，世界银行最新数据显示，2016 年使用固定电话、移动电话和互联网的人数分别为 4 500 万、2.4 亿和 1.68 亿。

华为进驻巴西之路——国际化路径

巴西市场是新兴市场的典型代表之一。华为进驻巴西市场后，国际化经验并不多，也缺乏对巴西的制度与环境的了解，做一切事都相当于摸着石头过河。华为最初与主要运营商建立合作伙伴关系，派遣经验丰富的中国骨干人员直接与当地市场接触，然后在网络设备领域里慢慢地站稳脚跟。随着对巴西市场的了解越来越深入，华为开始在巴西设立办事处或子公司。1997 年，华为投入 3 000 多万美元在巴西建立了合资企业。1999 年，华为在巴西设立了办事处。

华为巴西起舞的再塑成功

在了解了华为进驻巴西市场的国际化动因、目标客户、巴西的制度与环境以及国际化路径后，我们需要进一步明确华为的核心优势，如何将优势在巴西成功再塑，如何处理与重要合作伙伴的关系，以及如何把控子母公司关系。

华为舞蹈的灵魂与精髓——核心优势

古人云："知彼知己，百战不殆。"如果将其运用于国际化战略中，那么这里的"知彼"就是清楚目标国的制度与环境，"知己"就是明确自己的核心优势。因为只有这样，企业才能在实施国际化战略时有的放矢，在面对客户时更大程度地发挥自己的优势。当然，企业不可能具备绝对优势，某一个优势在甲国是所向披靡的利器，在乙国很可能让当地人唯恐避之不及。优势会随着时间和企业的发展发生变化。华为有以下核心优势。

企业文化。企业文化是核心竞争力的关键，华为取得令人瞩目的成绩背后是坚持"以客户为中心，以奋斗者为本，长期艰苦奋斗，坚持自我批判"的核心价值观。华为的狼性文化在于狼。在实施国际化战略的初期，狼是华为突破艰难险阻的一大利器。

因为在发展中国家，生活条件艰苦的员工只有奋力拼搏才能生存下去。

人才优势。华为重视人才培养，人才梯队建设工作让人力储备不断增加。华为向海外输出大量人才以开拓海外市场，驻外工作员工有数万人，几乎所有高管都有过"流放"海外的经历。华为的做法既能贯彻企业战略，又能传承企业文化。此外，为国内研发人员付出的较低的人力成本也是华为能与国际电信巨头相抗衡的重要优势。

技术优势。华为重视技术研发且一直保持技术领先，每年的研发费用在总支出中占有很大比例。华为总能充分利用国外先进技术推出行业领先产品。1999 年后，华为相继于印度、美国、瑞典、俄罗斯等在软件和通信领域占据优势的国家建立研究所，引入先进人才、技术，为总部的产品开发提供支持。华为的内生模式及技术创新是其不断向前发展的内在动力。

跳出巴西——优势再塑

优势再塑并不意味着完全复制成功模式，而是结合目标国的制度与环境有选择地加以利用。虽然华为已在巴西深耕 20 年，但它有十几年的时间都在"交学费"。让我们看看华为最终凭借什么优势打开了巴西市场，并积累经验实现了扭亏为盈。

企业文化。华为的企业文化是其能够在巴西坚持下来的重要原因。以奋斗者为本是华为一直以来的核心价值观。据华为一位曾在巴西任人力资源合作伙伴的员工回忆, 在 2011 年的 VIVO 无线项目中, 客户要求他们在 4 个月内交付 8 000 个站点, 意味着平均每周交付 500 个站点, 但他们的内部要求更高——每周完成 501 个站点, 这无疑给项目组带来了巨大的工期压力。他们每天工作到凌晨, 且没有休息日。就是凭借这样的奋斗精神, 华为攻克了一个个项目难关, 不惧失败, 逐步赢得了客户的认可, 并在巴西树立了良好的品牌形象。

但是, 随着华为的国际化程度日益加深, 华为的狼性文化不断与西方国家的主流文化发生碰撞, 狼性体现出来的不友好、对竞争对手的残忍以及军事化的管理特点引发了人们的质疑。为了更好地实现本土化管理, 华为狼性文化的演变迫在眉睫。

人才优势。 华为的人才储备是其开拓海外市场的重要资源。华为充分利用了全球人才的聪明才智, 通过华为创新研究计划, 与 120 多个著名高校和研究机构、100 多位院士合作, 为同方向的科学家提供更多的资源投入。

此外, 华为最初的政策是鼓励中国的骨干员工驻外工作, 因此管理岗位大部分是中国员工。但随着华为国际化程度的加深, 缩减用工成本、进行本土化管理是大势所趋。在巴西, 本地员工逐步占据过半比例, 人才管理、激励机制也更加贴合巴西的制度与环境。

技术优势。 华为在国际化经营中, 逐步实现了从技术跟随者到技术领导者的转变——积极与国际接轨, 储备主流标准的相关专利，主动参与国际标准的制定。华为的技术优势以及在中国这一庞大市场积累的实践经验更有助于其与巴西市场相结合，推动巴西信息技术的进步。

独舞不够完美——重要合作伙伴

任正非主张竞合，与强者合作，因为只有这样，企业才能实现可持续发展。

维护与政府的关系。企业应做好政府公关工作。华为积极参与巴西公益项目，建立并维护与巴西政府的关系。2015 年，华为与巴西教育部联合启动了首届"未来种子"项目。作为巴西政府"科学无边界"计划的一部分，这一项目得到了巴西总统的认可。2016 年，华为与巴西教育部签订战略合作协议，并不断推进项目进展。华为也以"未来种子"项目为媒介，与巴西政府建立了良好的合作关系。

重视工会的力量。巴西工会的强大影响力表现在政治、经济、社会生活等方方面面，它制约着企业的发展。巴西工会对企业的工资标准、福利待遇有明确的要求，劳资纠纷也由工会解决。比如，中国某企业因原材料短缺而让生产线上的工人停工，这时企业若安排这些工人打扫卫生，就是侵犯工人权益的行为，当地工会有权要求企业对工人做出赔偿。

借助中介机构的力量。巴西的复杂税制为中国企业制造了颇多难题。华为应主动与当地的法律、财务中介机构合作，避免出现纠纷。

亲近当地居民。企业应鼓励员工增进与当地居民的关系，了解当地的文化，学习当地的语言，并保持开放的心态向当地居民介绍中国文化，与当地居民加强交流。只有加深对彼此的了解，才能实现和谐友好的合作。

懂得与媒体打交道。媒体是巴西人民了解中国企业的窗口。如果巴西媒体不了解中国的发展状况、不了解华为寻求共赢的合作理念，而是对中国、对华为持有一种敌视态度，认为华为将冲击巴西本土企业，那么巴西媒体就很有可能误导当地居民，影响华为的企业形象和口碑。因此，企业应学会与媒体打交道。遇到失实报道，企业要合理争取和维护自身权益。

明确舞位，事半功倍——子母公司关系

为了推行国际化管理，华为在 2003 年对组织机构进行了大调整，从过去集权化的公司组织向产品线、准事业部制转变。具体来看，华为一方面纵向设立产品部门，另一方面横向划分全球市场销售大区，并在每个大区建立完整的组织架构，逐渐形成新的国际化管理体系。这样更便于华为适应目标国的制度与环境，提高管理效率。

华为不断调整对巴西子公司的管理制度。2014 年，华为将巴西的仓库直供站点缩减到一个，减少了中间环节，并把五个子公司合并成一个子公司。针对巴西子公司与中国母公司距离

远的现状，任正非给予了子公司更大的授权。

华为巴西起舞的盈利模式

成功的国际化战略离不开清晰的盈利模式。有了清晰的盈利模式，企业才能从中发现收入来源，清楚成本结构，找到利润增长点，否则，国际化战略就是一座空中楼阁。企业的最终目标是获取利润。华为能从最初的亏损到如今的盈利，与其加强管理、控制成本的各项举措密切相关。下面我们就从成本结构和收入来源两方面来分析华为的盈利模式。

成本结构

华为的成本结构比较复杂，主要是因为其根据运营商业务、企业业务和消费者业务三条业务线开展运营，每条业务线的产品各不相同。由于华为在巴西的消费者业务几年前无疾而终，我们只从运营商业务和企业业务两方面对其成本进行分析。成本包括通信设备制造成本、研发成本、设计成本、采购成本、库存成本、运输成本、人力成本（如员工的工资、各项补贴、社会保险金、工龄保障基金等）、差旅成本、营销和渠道推广成本、运营维护成本、财务成本（如税金以及汇率波动导致的汇兑损失等）。

任正非曾指出成本控制的重要性，"减人、增产、涨工资"是控制成本的思路。企业应去掉冗余，提高人均产出。人均产出的提高带来的是利润的上涨，这让企业更有实力为员工"涨工资"。"涨工资"又能把员工的积极性调动起来。华为坚持将控制成本的理念贯穿于整个经营过程中，并渗透到每个华为人的思维里。几年前，任正非在深夜里独自拖着拉杆箱排队等出租车的场景被网友们津津乐道，真实的情况是，华为有严格的差旅费报销制度，领导人出差不能有下属陪同，如果领导需要下属陪同，那么下属的差旅费就由该领导个人承担。在巴西，华为通过本土化管理、雇用更多的当地员工来有效减少人力成本。此外，国际化管理都要面临外汇管理问题。金融市场的变幻莫测以及早期的华为并不具备外汇远期的管理能力，导致华为在2008 年金融危机期间，报表汇兑损失约为 55 亿元。2014—2016年，华为的净汇兑损失分别为 21 亿元、44 亿元、54 亿元，又于 2017 年降到 10 亿元。为了规避汇率风险，华为加快建立了一整套包括自然对冲、财务对冲的外汇管理政策。

收入来源

华为在巴西的一部分收入来自运营商业务。华为通过向电信运营商销售通信设备、软件、运维等产品和服务获得收入。比如，2017 年华为在美洲市场的收入同比下降了 10.9%，主要原因就是运营商业务市场的投资存在周期波动。另一部分收入来自企业业务，华为通过向巴西企业提供智慧城市、平安城市以及金融、能源、交通等领域的数字化解决方案来获得收入。

运营商业务收入在华为的收入来源中占据不小的比例。华为采用了"速度模式"——在通信领域日新月异的趋势下，快速反应、抓紧创新，第一时间研制出符合客户需求的新产品，比竞争对手早走一步。这一步让华为逐渐从跟随者变成领导者，并获得差异性竞争优势的红利。2011 年以后，随着业务转型，华为在海外积极开拓企业业务与消费者业务，试图降低对运营商业务的依赖，寻找新的利润增长空间。凭借早期在巴西树立的良好口碑，企业业务最终在巴西有所突破；消费者业务却在对客户需求分析不到位、国际电信巨头实力强劲等因素的影响下，以失败告终。

新 5P 战略模型助华为搭建国际舞台

华为经过重重试错后，最终通过新 5P 战略模型将国际战略画布的构件块结合在一起，从而在巴西的运营商业务领域和企业业务领域中占据了一席之地。

舞蹈组合的核心是人——由关注计划到以人为本

企业国际化管理的主要难点之一就是人的管理。企业需要面临来自不同国家、拥有不同文化背景的人，企业还需要考虑如何实现本土化管理，如何消除与本土员工之间的隔阂，如何激励员工实现绩效，如何与合作伙伴打好交道，如何识别和满足各类客户的需求等问题。在华为多年亏损的情况下，为鼓舞士气，任正非破格提拔了五六个业绩优秀的员工，这一举措瞬间激活了巴西的组织。华为还经年累月地向巴西输送大量优秀的管理人才，并雇用本土员工，逐步让员工本土化率达到 80% 以上。

舞蹈的成功在于台前幕后的配合——由侧重谋划到重视合作伙伴

战略是一种谋划，但国际化战略更需要亲密的伙伴关系。华为曾被称为 "低价屠夫"，在开拓中国市场初期，华为通过发动价格战挤占竞争对手的市场空间和利润，并最后取代它们。在华为和小米的竞争中，华为通过降低 "荣耀 3C" 4G 版的售价成功挤占了 "红米 Note" 4G 版的市场。但这种竞争策略并不适用于海外市场，华为也在挫败中逐渐意识到合作的必要性。华为慢慢转变了观念，如保持合理的毛利水平、不破坏行业价值。观念的转变为华为减少了不必要的消耗。华为在企业业务上坚持 "上不碰应用，下不碰数据" 的原则，在确定了自己的业务边界的同时，也在一定程度上消除了合作伙伴的顾虑。

未来是否会爱上桑巴——由照搬模式到强调预测

企业在实施国际化战略时，不能完全复制以往在国内的商业模式，而是要适应目标国的制度与环境，做出合理预测。华为预测全云时代已经来临，且巴西的云化空间广阔，因此华为将聚焦 ICT（信息通信技术）基础建设，推动巴西的数字化转型。

桑巴不是探戈，扭起来就好——由保持一贯定位到增强可塑性

企业在实施国际化战略时，需要增强自身的可塑性。例如，在激励方案上，华为并没有复制国内的商业模式，而是变得更加弹性——只要本土员工能实现"从 0 到 1"的突破，就会得到较高的绩效奖励。本土员工因此受到鼓舞，更加努力工作。

华为的舞蹈是融入中国文化的桑巴——由秉承传统观念到兼容多元文化

企业在制定国际化战略时，应考虑多元文化的融合。例如，华为在媒体方面的低调表现是受任正非的狼性文化影响的。按照任正非的理解，狼的本性就是冷漠、孤独、锲而不舍，专注于自己的目标，不受外界评论的影响。任正非很少接受媒体采访，且他要求华为员工不能随便接受媒体采访。任正非的这种"媒体在明处，自己在暗处"的思想并不适用于国际化发展。在巴西，华为对待媒体的方式需要更加多元化。华为只有在巴西人民面前更加公开透明，才能有机会得到他们的理解与支持。华为在营销方面实现了多元化，它分区域执行体育营销、娱乐营销、口碑营销，这是差异中有统一的营销策略。

结　语

　　本书从理论与实践两个层面，对国际战略画布与新 5P 战略模型进行了分析与总结，以期为读者更好地理解和应用国际化战略工具提供助力。纵观前文提及的企业实践案例，我们不难看出，不论是"西游"的小米、"蛇吞象"的吉利、"全球飞"的菜鸟，还是"跳桑巴"的华为，如何确定国际化路径，如何在目标国的制度与环境下重塑核心优势，如何选择重要合作伙伴，如何处理子母公司关系，都是企业"走出国门、走向世界"道路上的重重大山。诚然，成功实现国际化的企业，其成功的方式各不相同，其他企业无法完全复制成功企业的模式，但失败企业的教训却可以为其他企业敲响警钟。

　　在本书收尾之际，我们不妨来谈谈企业国际化的未来之路。随着经济全球化的发展，易变、不确定、复杂、模糊特点并存的新时代无疑为中国企业的国际化增添了诸多阻力。不同于以往宽松的国际化环境，新时代下的制度与环境所蕴藏的危机似乎难以避免，中国企业在经营合规、争议解决等方面屡屡碰壁。随着中美企业之间并购交易的增多，美国针对中国企业投资的不安情绪逐渐升温，美国加大了对中国企业的经营审查力度，多家中国企业并购美国企业的交易均受到影响。2018 年以来，唯一获得美国外国投资委员会批准的并购案是山东如意并购莱卡。这背后的原因值得我们深思。随着中国企业走出去的步伐不断加快，中国企业的国际地位日益提升。此时，经营合规问题将会不断凸显，企业要高度重视这一问题。

在面对更为广阔的海外市场时，转变走出去的固有思想、强化动态发展意识、重视制度与环境的影响对中国企业至关重要。企业只有融入目标国的制度与环境，做到合法合规，才能走得更好、走得更远。我们有理由相信，尽管前路曲折坎坷，但中国企业将在不断摸索中获得进步，并最终走出一条更为宽广且更为长久的国际化道路。最后，祝所有阅读本书的朋友都能够有所收获，希望我们能够为企业实现国际化尽一份绵薄之力！

参考文献

第 1 章　国际化进程中的误区

1. 中国贸易投资网 . 跨境并购的法律风险与提示 [EB/OL].（2014-08-21）. http://www.tisino.com/cn/investmentpolicy/20140821/MTQWODU5ODY0NZM.html.

2.弗雷德里克 · 皮耶鲁齐，马修 · 阿伦.美国陷阱 [M].法意，译.北京：中信出版集团，2019.

3. 赵天宇 . 中国乳业走出去样本：伊利海外工厂如何收获当地人信任 [EB/OL].（2017-05-14）. http://www.nbd.com.cn/articles/2017-05-14/1105539.html.

第 2 章　企业走出去的第一课

1.黑极客 . 比特币勒索病毒肆虐全球，它究竟有多恐怖 [EB/OL].（2017-05-15）. http://www.sohu.com/a/140737513_397044.

2.超过 5000 万份 Facebook 用户信息遭泄露 [EB/OL].（2018-03-19）. http://www.cnhan.com/html/tech/20180319/751280.htm.

3. 张怀水 . 特朗普签署备忘录将对中国商品大规模征收关税 [EB/

OL].（2018-03-23）. https://baijiahao.baidu.com/s?id=1595662494162542
360&wfr=spider&for=pc.

4. 中兴：正积极与各方面沟通及应对 [EB/OL].（2018-04-18）.
http://www.xinhuanet.com/2018-04/18/c_1122698444.htm.

5. 中国与全球化智库. 新时期中国企业全球化发展的十大问题 [J].
财政科学，2016（1）：150-160.

6. 中国与全球化智库：中国企业全球化报告（2015）[EB/OL].
（2015-11-12）. http://opinion.hexun.com/2015-11-12/180513910.html.

7.Mackinder H. The geographical pivot of history [J]. Geographical
Journal, 1904(23): 421-444.

8. 中美贸易战打响第一枪：深层次思考和未来沙盘推演 [EB/OL].
（2018-07-06）. http://news.hexun.com/2018-07-06/193375681.html.

第 3 章　实现"从 1 到 M"的三要素

1. 高纪凡：中国民营企业应该加快"走出去"步伐 [EB/OL].
（2018-09-18）. http://finance.sina.com.cn/meeting/2018-09-18/doc-
ihkhfqns6596592.shtml.

2. 王千马，梁冬梅 . 新制造时代 [M]. 北京：中信出版集团，2017.

第 4 章　新 5P 战略模型

1. 十九大·理论新视野：中国改革开放助力全球价值链重塑 [EB/
OL].（2018-04-17）. http://views.ce.cn/view/ent/201804/17/
t20180417_28849865.shtml.

2.Henry Mintzberg. The Strategy Concept I: Five Ps For Strategy[J].
California Management Review, 1987, 30(1): 11-24.

3. 月均上牌 208 辆，特斯拉中国销量为何惨淡 [EB/OL].（2015-04-

08）. http://auto.163.com/15/0408/21/AMN6UH04000851HE.html.

4. 沃尔玛的全球化道路 [EB/OL].（2004-09-10）. http://www.chinawuliu. com.cn/xsyj/200409/10/132122.shtml.

5. 刘武. 滴滴大兼并背后的资本霸权 [EB/OL].（2016-08-09）. http://news.cnstock.com/paper,2016-08-09,707948.htm.

6. 于凌. 德国企业中国伤口 [EB/OL]. [2019-11-04]. http://business. sohu.com/history/990525/stock/file/622tzdb-n.html.

7. 巴西大豆行业研究报告 [EB/OL].（2016-08-02）. http://www. ciccps.org/cht/shownews.asp?id=606.

8. 华为与摩托罗拉诉讼案宣布和解 [EB/OL].（2011-04-14）. http:// tech.hexun.com/2011-04-14/128739825.html.

第 5 章　国际战略画布

1. 亚历山大·奥斯特瓦德，伊夫·皮尼厄. 商业模式新生代 [M]. 黄涛，郁婧，译. 北京：机械工业出版社，2016.

第 6 章　国际化驱动

1. John H. Dunning. International Production and the Multinational Enterprise [M]. George Allen & Unwin Ltd, 1981.

2. 青岛啤酒变奏国际化乐章，泰国建厂破局海外 [EB/OL].（2011-10-22）. http://www.lawtime.cn/info/shipin/jiedu/20111022196781.html.

3. 一带一路为中东国家带来发展机遇，中国成最主要投资者 [EB/OL].（2017-08-05）. http://news.china.com.cn/world/2017-08-05/ content_41353687.htm.

4. 中国石油工程建设有限公司拓展中东高端市场 [EB/OL].（2017-11-23）. http://www.cnenergy.org/yq/201711/t20171123_448572.html.

5. 技术、人才、国际化——三个动因促使华胜天成斥 8 亿元收购美国 GD 公司 [EB/OL].（2017-05-31）. http://finance.jrj.com.cn/2017/05/31093222550929.shtml.

6. 王飞 . 抖音宣布出海为哪般？实乃今日头条谋求国际化新招 [EB/OL].（2017-08-08）. http://www.sohu.com/a/163198121_351509.

7. 乔瑞中，李冰 . 市场营销学 [M]. 北京：机械工业出版社，2015.

8. 段吉盛，娄嘉军 . 迪斯尼乐园海外拓展路径研究 [J]. 经济论坛，2007（21）：104-108.

第 7 章　再塑成功

1. 王纯政 . 企业核心竞争力研究 [D]. 武汉：武汉大学，2004.

2. 毕少菲 . 企业战略管理——战略选择与核心能力 [M]. 湖南：湖南大学出版社，2003.

3. 企业核心竞争力 [EB/OL].（2014-09-28）. https://wiki.mbalib.com/zh-tw/ 核心竞争力 .

4. 驱动之家 . 坚持研发投入！华为：已累计获得专利授权 74307 件 [EB/OL].（2018-04-26）. http://www.sohu.com/a/229526150_163726.

5. 卢进勇，蓝庆新，王辉耀 . 中国跨国企业公司发展报告（2017）[M]. 北京：对外经济贸易大学出版社，2017.

6. Freeman,R.Edward. Strategic Management: A Stakeholder Approach[M]. Pitman Publishing Inc,1984.

7. 侯书生 . 激荡国际商海：企业的国际化经营 [M]. 四川：四川大学出版社，2016.

8. 沃尔玛"兵败"日本的背后 [EB/OL].（2008-04-03）. http://bschool.hexun.com/2008-04-03/104994992.html.

9. 陈福添 . 跨国公司子公司定位研究——从科层范式到网络范式

的演化 [J]. 中国工业经济，2016（1）：64-71.

10. 马浩 . 战略管理：商业模式创新 [M]. 北京：北京大学出版社，2015.

11. 吉利吃沃尔沃背后：资本国际化进程加速 [EB/OL].（2010-04-02）. http://news.bitauto.com/others/20100402/0805126619.html.

第 8 章　盈利模式

1. 王文元，夏伯忠 . 新编会计大辞典 [M]. 辽宁：辽宁人民出版社，1991.

2. 福特第二季度净利润下跌 48%，将下调 2018 盈利预期 [EB/OL].（2018-07-26）. https://auto.qq.com/a/20180726/028354.htm.

3. 汇率风险 [EB/OL].（2018-10-03）. https://wiki.mbalib.com/wiki/汇率风险 .

第 10 章　蛇吞象：吉利并购沃尔沃

1. 吉利新品牌 LYNK & CO：打造智能共享经济圈 [EB/OL].（2016-10-21）. http://auto.sina.com.cn/news/hy/2016-10-21/detail-ifxwztru6816392.shtml.

2. 周凯林 . 我国企业并购融资的"优"与"劣"——以吉利收购沃尔沃为例 [J]. 中国商贸，2013（33）：64-65.

第 11 章　"菜鸟"全球飞：菜鸟在俄罗斯

1. 中国快递物流低调出海 5 年，菜鸟引领全球物流格局重构 [EB/OL].（2018-05-14）. http://finance.china.com.cn/industry/20180514/4636251.shtml.

2. 俄罗斯吸引外资情况及政策 [EB/OL].（2013-04-26）. http://

cafiec.mofcom.gov.cn/article/tongjipeixun/201304/20130400104946.shtml.

3. 金冬旭 . 刍议近代俄罗斯文化对中国的影响 [J]. 世纪桥，2011（9）：31-32.

4. 李冰漪 . 风云变幻的快递"江湖" [J]. 中国储运，2015（8）：66-68.

5. 菜鸟网络牵手西班牙邮政，已与全球主流邮政达成合作 [EB/OL].（2016-01-21）. https://tech.huanqiu.com/article/9CaKrnJTk0l.

第 12 章　跳"桑巴"的"狼"：华为在巴西

1. 胡文强，秦俊茹 . 巴西劳工法现状及对策建议 [J]. 经济师，2010（2）：84-95.

2. 中华人民共和国驻巴西联邦共和国大使馆 . 巴西国家概况 [EB/OL].（2018-06-04）. http://br.china-embassy.org/chn/bxjjs/t1027410.htm.

3. 华为官网 . 巴西 [EB/OL]. [2019-11-04]. https://www.huawei.com/cn/about-huawei/sustainability/win-win-development/social-contribution/seeds-for-the-future/brazil.